東京2020オリンピック聖火リレーいわて報道記録集

復興の火

JN115912

TOKYO 2020
TOKYO 2020

OLYMPIC TORCH RELAY
TOKYO 2020

洋野町

洋野町の最終走を務めたのは、パラリンピック４大会
連続出場で銀メダルと銅メダルを獲得した大井利江さん。
日本選手男子最年長の68歳で出場したリオ大会では
陸上競技砲丸投げで７位入賞を果たし、
「年長者の星」として多くの人に勇気を与えた＝６月16日

OLYMPIC TORCH RELAY
TOKYO 2020

普代村

村民らが拍手で迎える中、三陸鉄道普代駅に向かう
普代村最終走者の金子恵美さん（手前）。
聖火はランタンに移されて、三陸鉄道で野田村の
十府ケ浦海岸駅まで運ばれた＝６月16日（共同通信）

TOKYO2020
TOKYO2020

OLYMPIC TORCH RELAY

TOKYO 2020

野田村

十府ケ浦海岸を襲った大津波から10年。
静かに広がる太平洋を一望できる「ほたてんぼうだい」から
野田村の第１走者・松川歩叶さんが出発した＝６月16日

久慈市

スタート地点の「道の駅くじ　やませ土風館」を笑顔で出発する第１走者の沢春奈さん。雨の中、市民が赤々と燃え上がる聖火を見詰めた＝６月16日

初日のリレーを終え、聖火皿に火をともす二十山仁さん（大相撲の元小結栃乃花）。「復興の意味を込めたオリンピック。この火を震災に遭った場所でも見てもらい、復興のともしびにしてほしい」と願った＝６月16日、久慈市文化会館アンバーホール

OLYMPIC TORCH RELAY
TOKYO 2020

岩泉町

2016年の台風10号豪雨で大きな被害を受けた岩泉町。氾濫した小本川に架かる岩泉橋で聖火をつなぎ、最終走者の石川郁恵さんがゴールの旧JR岩泉駅前に向かった＝6月17日

0790109
OLYMPIC TORCH RELAY
TOKYO 2020

田野畑村

田野畑村のリレーは、東日本大震災で大きな被害を受けた島の越漁港に沿うように行われた。最後は清見拓真さんと大澤典佳さんの中学生２人がつなぎ、「三陸再興」を発信した＝６月17日

0790208
TOKYO2020
TOKYO 2020

OLYMPIC TORCH RELAY
TOKYO 2020

宮古市

巨大水門の建設が進む宮古市の閉伊川河口。早期完成の願いも込めてランナーが聖火を運んだ＝6月17日

山田町

災害公営住宅が整備された山田町の中心部を走る聖火ランナー。沿道では小学生が「ありがとう」の文字を掲げ、復興支援への感謝を伝えた＝６月17日

OLYMPIC TORCH RELAY
TOKYO 2020
ありがとう!
2021.6.7
ありがとう!
TOKYO 2020

OLYMPIC TORCH RELAY
TOKYO 2020

大槌町

トーチを掲げて走る大槌町の第3走者黒沢里恵さん。大槌湾のシンボル「蓬萊島」と聖火がちょうど重なった＝6月17日

TOKYO 2020
TOKYO 2020
OLYMPIC TORCH RELAY
TOKYO 2020

OLYMPIC TORCH RELAY
TOKYO 2020

釜石市

釜石魚河岸をスタートし、沿道に手を振りながら
聖火を運ぶ第１走者の奥村晄矢さん＝６月17日

TOKYO 2020
TOKYO 2020
Coca-Cola
TOYOTA
NTT
TOKYO 2020

OLYMPIC TORCH RELAY
TOKYO 2020

大船渡市

大船渡市のゴールに向かう栗生沢淳一さん。
バルセロナ五輪バレーボール代表として活躍した
古里出身のオリンピアンが、最終走者の大役を務めた＝6月17日

陸前高田市

復興のシンボル「奇跡の一本松」を背に聖火を引き継ぐ清水祐真さん（左）と大和田海雅さん。陸前高田市では東日本大震災の津波にのまれたエリアを巡り、復興をアピールした＝6月17日

オリンピアン&パラリンピアン一言

聖火が伝えたスポーツの力

1 小林 陵侑さん（八幡平市出身）
＝平昌五輪スキージャンプ

「福島からこの火がつながれてきた。とても感慨深い。東京五輪に関わることができ、冬季スポーツの選手としてもうれしい。いろんな人の思いがつながっていて、五輪はやはりすごいなと感じた」

2 早野（旧姓小沢）**みさき**さん（岩手町）
＝ロンドン五輪ホッケー

「努力したことは間違いなかったと前向きにとらえることができた時間だった。スポーツの力を改めて実感した。（日本代表の後輩３人に）岩手町の人たちが熱烈に応援している。感謝を忘れずに頑張ってほしい」

3 苫米地（とまべち） 美智子さん（二戸市）
＝ソチ五輪カーリング

「走る直前は試合よりも緊張した。（2014年ソチ）五輪出場時の二戸の皆さんの声援を思い出し胸が熱くなった。（コロナ禍のアスリートへ）ベストを尽くせるよう精いっぱい応援したい」

4 岩渕 麗楽さん（法政大2年、一関市出身）
＝平昌五輪スノーボード

「五輪は冬しか縁がないと思っていた。聖火ランナーとして夏に関わらせてもらい、うれしい」

5 大井 利江さん（洋野町）
＝アテネパラ五輪陸上競技円盤投げ銀メダル

「地元の復興を多くの人に発信したかった。今日の走りで思いがかなった。オリンピックは夢の舞台。選手たちはコロナに負けず頑張ってほしい。大会成功のともしびが洋野から東京に届いてほしい」

6 阿部 友里香さん
（日立ソリューションズ、山田町出身）
＝平昌パラ五輪ノルディックスキー距離・バイアスロン

「パラリンピックは知名度がまだ低いと思う。地元岩手の聖火リレーにパラ競技選手の自分が選ばれ、五輪に携われたことは意義深い。」

7 高橋 幸平さん（日体大3年、矢巾町出身）
＝平昌パラ五輪アルペンスキー

「実際に聖火を手にし、北京パラリンピックへの思いが強くなった」

8 三ケ田 礼一さん（八幡平市出身）
＝アルベール五輪ノルディックスキー複合団体金メダル

「世界で活躍する岩手の若いアスリートが多くなっている。トップを目指して頑張ってほしい」

（左）阿部 友里香さん　（右から３番目）三ケ田 礼一さん　　（右）高橋 幸平さん

［聖火リレー 28市町村］

岩手路つないだ 聖火ランナー284人

走者の写真は代表撮影。走者の四角数字は走行順。かっこ内は走行当時の年齢。名前の表記は東京五輪・パラリンピック組織委員会の発表に基づく。

…2021年3月に、聖火リレーに先立ち「聖火展示」を行った町村

1日目 6/16（水）

①スタート地点 雫石町 ▶ ②滝沢市 ▶ ③八幡平市 ▶ ④岩手町 ▶ ⑤一戸町 ▶ ⑥二戸市 ▶ ⑦洋野町 ▶ ⑧普代村 ▶ ⑨野田村 ▶ ⑩ゴール地点 久慈市

■ **出発式**…雫石町（雫石中学校）

2日目 6/17（木）

①スタート地点 岩泉町 ▶ ②田野畑村 ▶ ③宮古市 ▶ ④山田町 ▶ ⑤大槌町 ▶ ⑥釜石市 ▶ ⑦大船渡市 ▶ ⑧ゴール地点 陸前高田市

■ **出発式**…岩泉町（岩泉高等学校）

3日目 6/18（金）

①スタート地点 一関市 ▶ ②平泉町 ▶ ③奥州市 ▶ ④金ケ崎町 ▶ ⑤北上市 ▶ ⑥花巻市 ▶ ⑦遠野市 ▶ ⑧紫波町 ▶ ⑨矢巾町 ▶ ⑩ゴール地点 盛岡市

■ **出発式**…一関市（一関文化センター）

2021 6月16日

TOKYO 2020 OLYMPIC TORCH RELAY

雫石町
滝沢市
八幡平市
岩手町
一戸町
二戸市
洋野町
普代村
野田村
久慈市

聖火を掲げて走りだす本県リレーの第1走者、村上優空さん(21)=16日午前9時、雫石町・雫石中

しずくいしちょう

雫石町

7人 1.35キロ

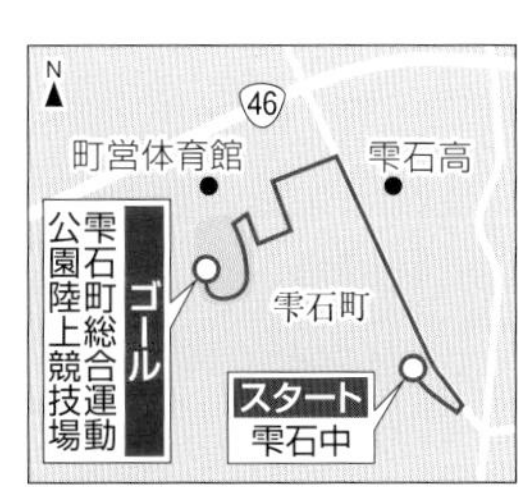

ランナー

1 村上　優空 さん(21)
2 大和田治美 さん(57)
3 上川原和徳 さん(40)
4 晴山　真美 さん(65)
5 高橋　祐樹 さん(50)
6 佐藤　春風 さん(16)
7 そのだつくし さん(50)

聖火に熱い視線を送る地元の小学生たち＝雫石町総合運動公園陸上競技場

ランナーの声

5 高橋 祐樹さん
＝西和賀町

聖火リレーが通らない町に住む自分が走ることで、地元の子どもに希望を与えたかった。一歩を踏み出す勇気が伝わればうれしい。

7 そのだつくしさん
＝雫石町

トーチは重く、火がつく瞬間、心が温かくなった。仕事の漫画を通し、岩手の魅力を発信していこうと再確認する機会になった。

聖火リレー出発前に力強いエールを送る雫石中応援団

たきざわし

滝沢市

6人	0.94キロ

ランナー

1 熊谷　萌さん(20)
2 上中　優奈さん(14)
3 長瀬　路貴さん(47)
4 杉山　美幸さん(49)
5 伊藤　心結さん(13)
6 高橋　拓希さん(17)

演奏で聖火リレーを盛り上げる滝沢南中の吹奏楽部

ランナーの声

1 熊谷 萌さん
＝山梨県、滝沢市出身

沿道の小中学生や家族らの応援に背中を押してもらった。スピードスケートで五輪出場を果たし、地元の滝沢市に恩返しをしたい。

5 伊藤 心結（みゆう）さん
＝盛岡市

宮古市から駆け付けた祖父母に笑顔で手を振ることができて良かった。空手の世界チャンピオンになるのが将来の夢だ。

上中優奈さんと長瀬路貴さんのトーチキス。地元鵜飼小の児童たちが沿道から盛り上げた

八幡平市（はちまんたいし）

8人　1.36キロ

ランナー

1 高橋　凌空さん（16）
2 鳥居　邦彦さん（28）
3 澤田　　司さん（62）
4 木野下奈々さん（16）
5 佐々木元哉さん（21）
6 山本雄太郎さん（27）
7 飯塚　明彦さん（67）
8 小林　陵侑さん（24）

トーチを掲げ、雄大な岩手山を望みながらゴールに向かう小林陵侑選手＝八幡平市平笠

ランナーの声

1 高橋 凌空（りく）さん ＝八幡平市

一生に一度の体験なのでとにかく楽しもうと思った。天気が良く、素晴らしい景色の中で走ることができ思い出になった。

7 飯塚 明彦さん ＝盛岡市

すがすがしい気候の中で走れた。復興五輪として、福島を皮切りに岩手、宮城でも聖火をつなげることは意味があることだと思う。

岩手町

いわてまち

10人　2.15キロ

ランナー

1 土谷　奏太さん(14)
2 松沢　卓生さん(48)
3 設楽　裕治さん(54)
4 阿部美由紀さん(38)
5 板澤　貴典さん(49)
6 小泉　怜美さん(42)
7 庄司　圭太さん(18)
8 福士　美紀さん(27)
9 早野みさきさん(35)
10 辰巳　琢郎さん(62)

4

3

2

1

8

7

6

5

9

10

葛巻神楽を披露し、最終ランナーの辰巳琢郎さんを出迎える葛巻高の郷土芸能部員たち＝沼宮内小

ランナーの声

4 阿部 美由紀さん ＝北上市

大勢の人に見守られて参加することができ、感無量だ。震災で命が失われた被災地に笑顔を取り戻したいという思いで走った。

10 辰巳 琢郎さん ＝東京都

ゴール地点の沼宮内小は子どもたちの笑顔があふれていた。コロナ禍での五輪だが、大会が盛り上がってくれればうれしい。

手旗を振って聖火ランナーを応援する葛巻町の子どもたち

いちのへまち

一戸町

9人 | 1.93キロ

ランナー

1 南舘　咲希さん(15)
2 高橋　敬太さん(35)
3 佐藤　優気さん(33)
4 山崎　清基さん(74)
5 小苅米秀樹さん(58)
6 田中　秀樹さん(56)
7 篠原　柚香さん(28)
8 和田　祥子さん(29)
9 武田　智摘さん(22)

1 親族らの応援を受け、トーチを手に一歩一歩進む南舘咲希さん＝御所野遺跡

南舘さん「恩返しできた」

下半身などに障害のある南舘咲希さん(15)＝盛岡となん支援学校高等部1年＝が地元一戸町の第1走者を務めた。「世界遺産登録が間近な場所で走れた。支えてくれた人たちに、恩返しができたと思う」と充実感に満ちた笑顔を見せた。

縄文をイメージした創作舞踊を披露する一戸高の華一同好会の後押しを受け、午後1時に御所野縄文博物館前を出発。横断幕やうちわを手に応援する人たちが見守る中、左手でつえを突き右手にトーチを掲げ、一歩一歩、踏みしめるように進んだ。

生まれつきの脳性まひで、下半身や指先が不自由な南舘さん。盛岡みたけ支援学校奥中山校中学部に入学後、毎朝の学校のランニングで走る楽しさに目覚めたという。昨年8月には聖火リレーや五輪・パラリンピックの開催を願い、自宅から奥中山校まで約20キロを2日間かけて歩ききった。

母里美さん(40)は「たくさんの方たちが応援してくれ、感動で涙を流している人もいた。家族にとっても素晴らしい経験になった」と目頭を熱くした。

ランナーの声

7 篠原 柚香さん ＝兵庫県

震災後のボランティア活動で出会い、お世話になった岩手の人たちの顔を思い浮かべながら走った。忘れられない2分間になった。

9 武田 智摘さん ＝一戸町

岩手国体なぎなた競技での優勝を支えてくれた町民の方へ、恩返しの気持ちを込めて走った。あっという間で、貴重な体験だった。

にのへし
二戸市

11人 | 2.25キロ

ランナー

1 苫米地美智子さん(41)
2 欠端　陽翔さん(16)
3 もとちゃんさん(59)
4 浅水　洸佳さん(26)
5 久慈　浩介さん(49)
6 戸田　照美さん(38)
7 工藤　之子さん
8 宮本　慶子さん(42)
9 北田　雅士さん(47)
10 澤口　智子さん(39)
11 木村美喜子さん(66)

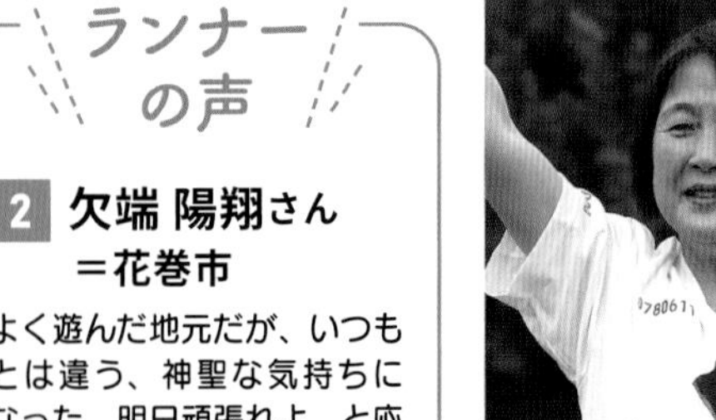
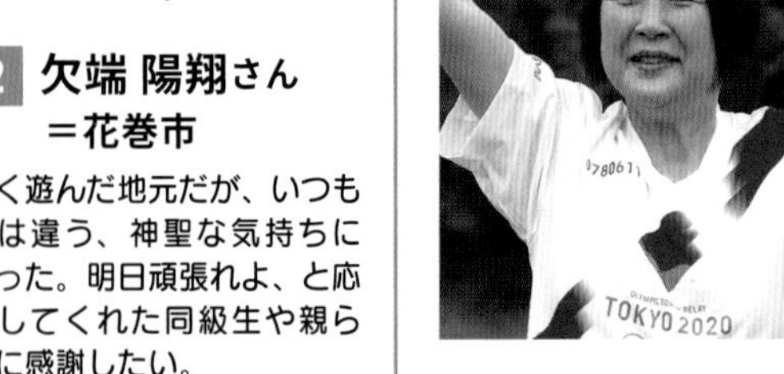

ランナーの声

2 欠端 陽翔さん ＝花巻市

よく遊んだ地元だが、いつもとは違う、神聖な気持ちになった。明日頑張れよ、と応援してくれた同級生や親ら皆に感謝したい。

4 浅水 洸佳さん ＝八幡平市

長い車列や沿道の人だかりに気持ちが高ぶった。知り合いも応援に駆け付けてくれて、地元九戸村の代表のつもりで走った。

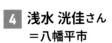

息の合った演奏で聖火リレーを盛り上げる石切所小マーチングバンド＝二戸市シビックセンター

沿道からエールを送る野球スポーツ少年団・福岡ジャガーズの子どもたち

ひろのちょう
洋野町

9人 1.51キロ

ランナー

1 高橋一仁さん(44)
2 fujiponさん(42)
3 菊池 洋さん(56)
4 小向悠理さん(15)
5 山道洋子さん(46)
6 布施 雅彦さん(58)
7 下苧坪之典さん(40)
8 鈴木 直人さん(56)
9 大井 利江さん(72)

4

3

2

1

8

7

6

5

9

力強い太鼓演奏で第1走者の高橋一仁さんを送り出す種市海鳴太鼓のメンバーら＝JR種市駅前

演奏で聖火リレーを盛り上げる種市小の「海の子ブラス」

ランナーの声

2 fujiponさん
＝盛岡市

マスク越しでも分かる温かい笑顔で応援してもらった。感じたパワーを多くの人に発信して、世界中に岩手愛を届けたい。

4 小向 悠理さん
＝洋野町

あっという間だったが、軽いトーチが重たく感じるほど緊張した。出場を伝えていなかった友人も駆け付けてくれてうれしかった。

ふだいむら
普代村

8人	1.53キロ

ランナー

1 上神田瑛太さん(15)
2 西郷　辰弘さん(69)
3 松本　祐太さん(25)
4 佐藤　敏春さん(74)
5 tomokiさん(18)
6 松村　典雄さん(43)
7 西郷　孝一さん(42)
8 金子　恵美さん(15)

第4走者・佐藤さん57年ぶりトーチ

普代村第4走者の佐藤敏春さん(74)＝一関市花泉＝が1964年以来、2度目の聖火リレー走者を務めた。「貴重な経験を2回もできた。思い出は一生の宝物」と万感の思いに浸った。小雨が降り、肌寒いコンディションの中、「年齢のせいか、重たく感じた」トーチを掲げ、沿道の妻や友人の応援を励みに聖火を運んだ。

57年前の聖火リレーは、一関工高陸上部の創部メンバーとして砲丸投げに励んでいた17歳の時。台風による大雨で全身ずぶぬれになりながら、正走者として一関市内で約1・6キロを走り抜き「大きな感動と夢をもらった」。

2013年に東京開催が決まってからは「もう一度、走りたい」という思いを燃やし、この日のために毎朝5キロを走り込んだという。2本目のトーチを家宝として持ち帰る佐藤さんは「この経験を孫たちへ伝えていきたい」と晴れやかだった。

ランナーの声

1 上神田(かみかんだ) 瑛太さん＝普代村

同級生や知人が沿道に大勢いて緊張したが、途中から楽しく走ることができた。最高の体験で、一生の思い出になった。

6 松村 典雄さん＝盛岡市

コロナで無理かもしれないと諦めていたので、走れてうれしかった。指導する空手道場の子どもたちにトーチを触らせてあげたい。

野田村（のだむら）

10人 1.99キロ

ランナー

1 松川歩叶さん（13）
2 穴倉嘉憲さん（59）
3 松浦　渉さん（42）
4 宮間志帆さん（27）
5 齊藤良太さん（39）
6 齊藤常明さん（42）
7 田村　学さん（47）
8 伊藤聖悦さん（56）
9 工藤光輝さん（29）
10 山田煌晟さん（16）

夕闇に聖火を揺らめかせ、愛宕神社大鳥居の前を駆ける最終走者の山田煌晟さん

聖火ランナーと並走する三陸鉄道の車両

ランナーの声

7 田村 学さん＝盛岡市

三陸鉄道の車両との並走はとても気持ち良かった。着々と復興する野田村の姿を見て、自分も頑張っていきたいと改めて感じた。

10 山田 煌晟（こうせい）さん＝野田村

地域に元気と笑顔を届けることができた。応援してもらった経験を忘れず、将来どこにいても村の復興に貢献できる人になりたい。

久慈市（くじし）

9人　1.82キロ

ランナー

1 沢　春奈さん（19）
2 志賀鉄太郎さん（49）
3 村上　暢さん（36）
4 髙田　永遠さん（19）
5 白戸　隆洋さん（54）
6 新田　久男さん（56）
7 池田　愛美さん（48）
8 鈴木啓太郎さん（42）
9 二十山　仁さん（48）

聖火到着を盛り上げようと、ステージ上で躍動感あふれる踊りを披露する久慈東高チアダンス同好会＝久慈市・アンバーホール

聖火を引き継ぐ第７走者池田愛美さんと第８走者鈴木啓太郎さん。赤い炎がアンバーホールに向かう道を照らした

ランナーの声

1 沢 春奈さん＝北海道

大おじも1964年にランナーを務めた。手を振る姿を沿道に見てもらえるよう走った。言葉にできないほどうれしい時間だった。

9 二十山（はたちやま） 仁さん＝東京都、久慈市山形町出身

市民の皆さんが集まって応援をくださり、一生に一度の経験だった。震災から復興している姿を伝えたいという思いで走った。

雫石町からスタート 第一走者は村上さん

聖火リレースタートを前に記念撮影で笑顔を広げるサポートランナーら＝雫石町

全国39番目となる本県の聖火リレーは6月16日、雫石町からスタート。達増知事が北海道から引き継いだ聖火をトーチに点火し、第1走者の村上優空さん（21）＝同町出身、明治大4年＝が県産リンドウなどで彩られたステージを背に笑顔で出発した。村上さんは「聖火がともった瞬間はとても感動した。一生に1度の経験で自分の中では宝物だ」と充実感をにじませた。

出発式の会場となった雫石中には、同校生徒ら約550人が集まり、応援団やチアリーダーが吹奏楽の演奏に合わせてエールを送った。応援団長の岡森廉さん（3年）は「応援で走者に力を伝えたい」と張り切っていた。

スタートに先立ち、達増知事は「聖火ランナー一人一人の思いを県民みんなで共有し、聖火の火を、希望の火をつないでいきましょう」とあいさつした。新型コロナウイルス感染症対策のため、観衆は声援を送らず、拍手や小旗で走者の背中を押した。

北海道から引き継いだ聖火をトーチにともす達増知事（左）と第１走者の村上優空さん＝雫石町

6月16日 アラカルト

TOKYO 2020 OLYMPIC TORCH RELAY

トーチキスで「テレマーク」のポーズを取る第７走者の飯塚昭彦さん（左）と最終走者の小林陵侑さん＝八幡平市

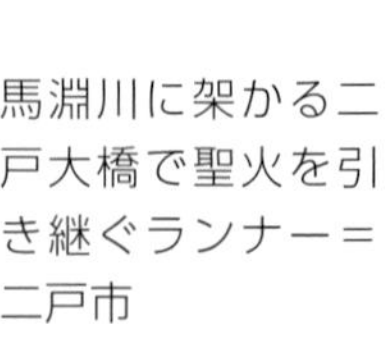

馬淵川に架かる二戸大橋で聖火を引き継ぐランナー＝二戸市

「縄文」の空間に平和の理念をともしながら進むオリンピアの火＝一戸町・御所野縄文公園

八幡平市の聖火リレーは雄大な岩手山を背に、焼走り展望台からスタートした

地元の子どもたちが見守る中、トーチキスでポーズを取る福士美紀さん（左）と早野みさきさん＝岩手町沼宮内

田中舘愛橘のモニュメント前を走る二戸市の第１走者・苫米地美智子さん。石切所小マーチングバンド、軽米町の太鼓演奏団体「座・宇漢米（うかめ）」、九戸村の瀬月内（せつきない）神楽保存会がスタートを盛り上げた＝二戸市シビックセンター

ランタンに収めた聖火は三陸鉄道の普代駅から野田村の十府ケ浦海岸駅まで運ばれた。普代村の最終走者・金子恵美さんが同乗した＝普代村

聖火を運ぶ三陸鉄道を見送る人たち＝普代村（共同通信）

2021 6月17日

TOKYO 2020 OLYMPIC TORCH RELAY

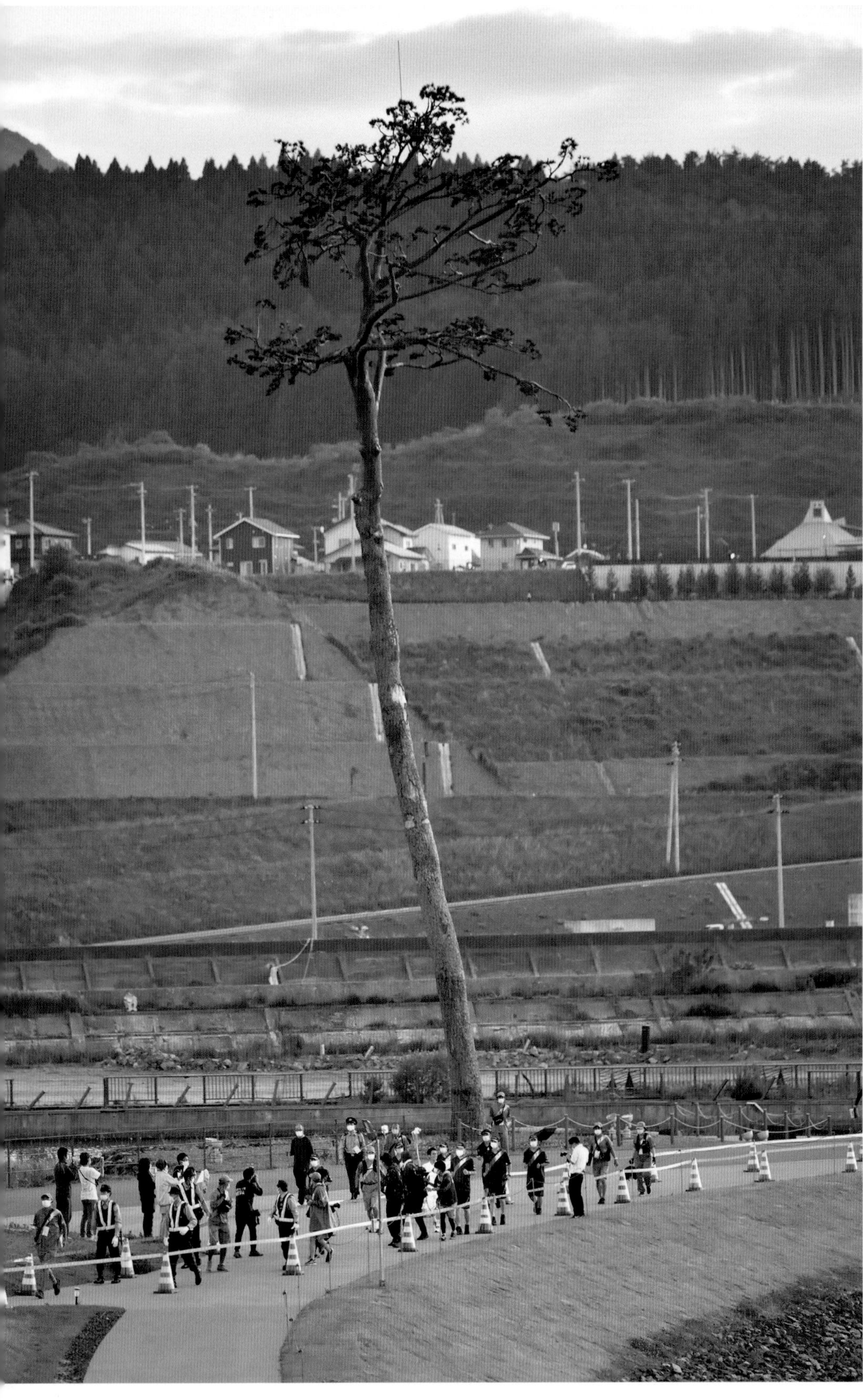

岩泉町
田野畑村
宮古市
山田町
大槌町
釜石市
大船渡市
陸前高田市

「奇跡の一本松」からスタートした陸前高田市の聖火リレー。奥には高台に移転した住宅も見える

岩泉町
いわいずみちょう

8人 1.43キロ

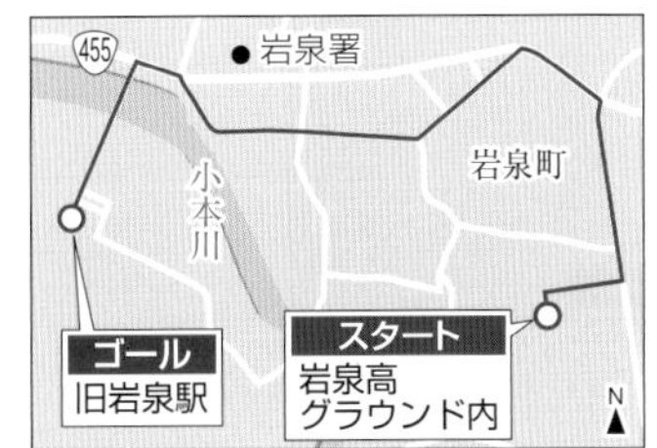

ランナー

1 佐藤 裕子さん(66)
2 篠原 宏季さん(29)
3 鈴木 満弥さん(61)
4 赤坂　栄さん(60)
5 浪岡 正行さん(64)
6 鳴尾 直軌さん(46)
7 北川　貢さん(54)
8 石川 郁恵さん(43)

ランナーの声

1 佐藤 裕子さん ＝岩泉町

自宅がある安家地区は2016年の台風10号被害が大きかった。復興支援で元気をくれたボランティアへお礼の気持ちを込め走った。

6 鳴尾 直軌（なおき）さん ＝盛岡市

サッカーを教えている子どもたちの声援がうれしかった。身近な人の聖火リレーから刺激を受け、世界に羽ばたいていってほしい。

２日目の出発式で「中野七頭舞」を披露する岩泉高の郷土芸能同好会の生徒たち。力強く躍動感のある踊りで「復興五輪」のリレーを送り出した＝岩泉町・岩泉高

田野畑村

たのはたむら

9人 1.43キロ

ランナー

1 曽我こなみさん(26)
2 青木 政貴さん(28)
3 本田 浩さん(56)
4 澤田 克司さん(77)
5 伊東 若葉さん(30)
6 村口 太陽さん(18)
7 石田 博昭さん(34)
8 清見 拓真さん(13)
9 大澤 典佳さん(14)

三陸鉄道島越駅を背に、さっそうと聖火を運ぶ第2走者の青木政貴さん

手旗を振って聖火ランナーにエールを送る田野畑の子どもたち

ランナーの声

1 曽我 こなみさん
＝北海道

第二の故郷と思っている岩手で走ることができうれしい。スピードスケートで五輪を目指しており、この体験を自信につなげたい。

6 村口 太陽さん
＝東京都

バレーボール五輪銅メダリストの祖父が天国から見ていると思って走った。この経験を忘れずボクシング大学日本一を目指す。

みやこし

宮古市

13人 | 2.68キロ

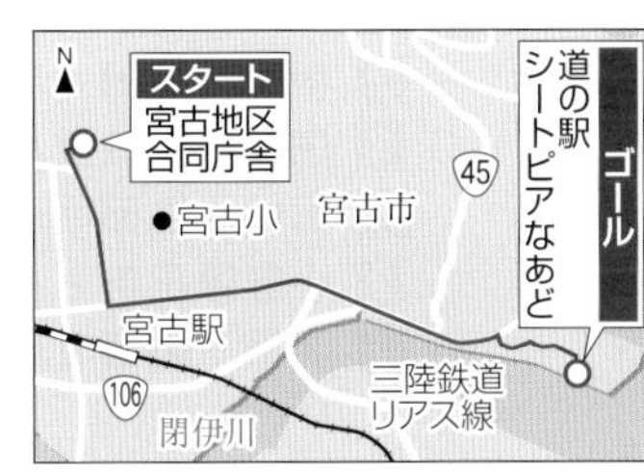

ランナー

1 本多 美紀さん(15)
2 マルリクさん(57)
3 後川 良二さん(62)
4 谷村 邦久さん(73)
5 佐藤 将太さん(36)
6 吉濱 雅子さん(53)
7 サクラ 凛さん(29)
8 新沼 正寿さん(46)
9 あ っ こさん(50)
10 赤壁 聡子さん(61)
11 畠山 桜綺さん(13)
12 猪又　智さん(49)
13 小林 レオさん(13)

海沿いでつないだ
宮古市の聖火リレー

ランナーの声

11 畠山 桜綺(さき)さん ＝宮古市

古里を勇気づけたいと志願した。たくさんの応援をもらい宮古の人の心の温かさを実感した。家族や先生ら多くの人に感謝したい。

13 小林 レオさん ＝宮古市

復興支援で勇気をもらったので、今度は自分が勇気を届けたかった。緊張したが、みんなの思いを背負って走ることができた。

やまだまち

山田町

11人	2.17キロ

ランナー

1 山田　邦子さん(61)
2 伊藤　敏郎さん(54)
3 佐藤　文哉さん(34)
4 田中　二郎さん(46)
5 小笠原正吉さん(46)
6 間瀬　慶蔵さん(43)
7 伊藤　明人さん(34)
8 大川　育男さん(58)
9 寺崎　　勉さん(67)
10 橋浦　公一さん(32)
11 長谷川光希さん(14)

災害公営住宅の住民がベランダから聖火リレーを見守った＝山田町川向町

「ありがとう」とプリントされたタオルを掲げ、沿道から聖火ランナーを応援する小学生たち

ランナーの声

3 佐藤 文哉さん＝山田町

沿道へ全力で手を振った。一緒に働き復興事業を最後まで見届けずに帰った全国の応援職員に、映像で町を見せられて良かった。

6 間瀬 慶蔵さん＝山田町

得がたい体験でトーチは宝物にしたい。コース沿いはいまだに空き地が多く、今後も地域を盛り上げるために走り続ける思いだ。

おおつちちょう

大槌町

15人 3.06キロ

ランナー

1 佐々木慎也さん(20)
2 星 優希さん(31)
3 黒澤 里恵さん(41)
4 小山明日奈さん(32)
5 坂本 弘美さん(60)
6 岩崎 昭子さん(64)
7 櫻井 慶彦さん(44)

4

3

2

1

5

海沿いを笑顔で進む
第6走者の岩崎昭子さん

6

7

防潮堤に守られた道路で聖火を引き継ぐ第8走者の坂井知恵さん(左)と第9走者の山中吉明さん

◀ 次ページに続く

おおつちちょう

大槌町

15人 | 3.06キロ

ランナー

8 坂井　知恵さん(52)
9 山中　吉明さん(53)
10 千葉　貴和さん(51)
11 大萱生　瞳さん(40)
12 杉本　広樹さん(51)
13 千葉　槙太郎さん(36)
14 エグリ奈緒子さん(33)
15 アンダーパス！MIKAさん

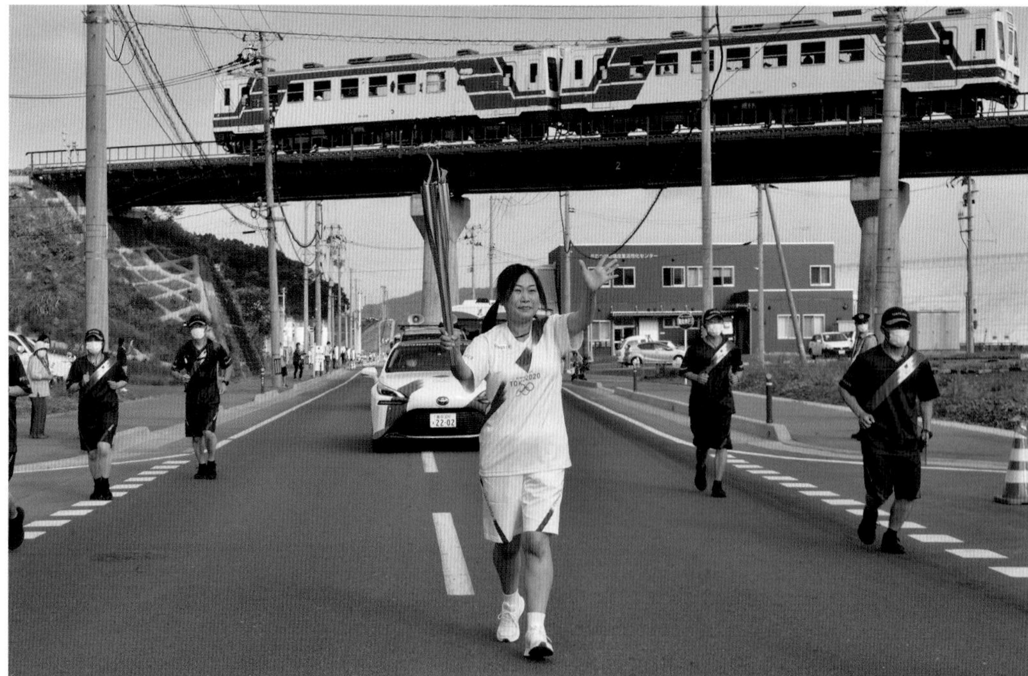

聖火リレーを盛り上げるかのように、三陸鉄道がランナーの背後をちょうど通過した

ランナーの声

6 岩﨑 昭子さん＝釜石市

一生の宝となった。世界の皆さんの復興支援への感謝と「今から始まるんだ」という思いで走った。次の１０年も見てほしい。

15 アンダーパス！ MIKAさん＝北上市

大槌の先輩方は本当に元気で、沿道からたくさんの笑顔をもらった。子どもたちが元気な力を発揮できるようサポートを続けたい。

かまいしし
釜石市

8人 1.22キロ

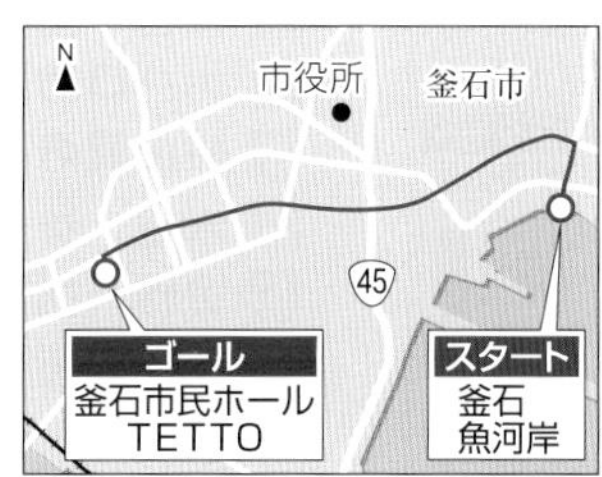

ランナー

1 奥村 晄矢さん(14)
2 横田 信之さん(53)
3 清水 信三さん(64)
4 早坂 沙織さん(33)
5 新里 進さん(63)
6 三上 雅弘さん(57)
7 湯澤 大地さん(53)
8 森 重隆さん(69)

新日鉄釜石ラグビー部で活躍した森重隆さんを応援しようと、釜石市民ホール「TETTO」周辺には大勢の市民が詰めかけた

ランナーの声

1 奥村 晄矢(こうや)さん＝釜石市

仲間たちの応援がうれしく、笑顔で走ることができた。陸上をメインに大きな大会にも出場し、トップアスリートを目指したい。

5 新里 進さん＝釜石市

大勢がつないできた聖火に込められた思いの重みを感じながら走った。釜石、被災地の姿や情報を世界に伝えられたと思う。

おおふなとし
大船渡市

11人　2.42キロ

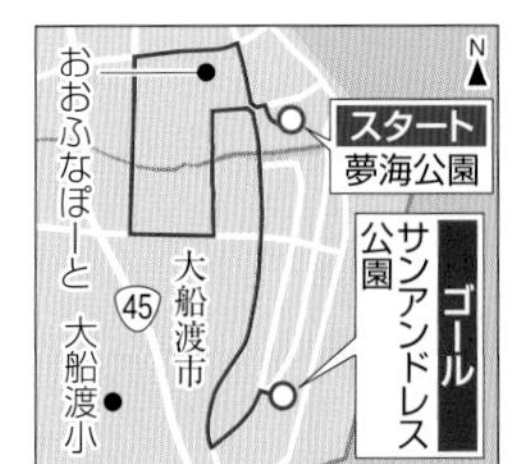

ランナー

1	熊谷　侑希さん(36)	7	田中　雅晴さん(49)
2	ナバロ絢加さん(26)	8	向澤　茂さん(45)
3	村山眞寿雄さん(67)	9	金野　広充さん(57)
4	米谷　春夫さん(74)	10	武藤　凜さん(14)
5	金野　拓翔さん(13)	11	栗生澤淳一さん(56)
6	新妻　拓弥さん(42)		

「あの日の大船渡を忘れない」

第３走者・村山さん

大船渡市で聖火ランナーを務めた村山眞寿雄さん（67）＝新潟県新発田市＝は万感の思いで復興した街並みを走った。震災当時は県警航空隊長として、ヘリから惨状を目の当たりにした。「被災地を忘れない」。あの日を思い起こし、心の中でつぶやいた。

退職後は古里に戻ったが「あの日の光景と、全国から応援に駆け付けた警察、消防、自衛隊と力を合わせて行った救援活動を忘れたことはない」と振り返る。本県の被災地を数年ぶりに訪れた。「震災から立ち上がった力強さを感じた。あっという間に走り切った」と復興の歩みに思いを寄せた。

ランナーの声

4 米谷 春夫さん
＝陸前高田市

楽しく、幸せなひとときを過ごせた。きょう走ったコースは経営するスーパーの仮設店舗を設置した付近で、縁を感じた。

11 栗生沢（くりうざわ） 淳一さん
＝福井県、大船渡市出身

コースがとてもきれいだった。今回の五輪の成功、自分が出場した五輪、古里を襲った大震災といろいろなことを思い走った。

りくぜんたかたし

陸前高田市

10人　2.45キロ

ランナー

1 清水　祐真さん（16）
2 大和田海雅さん（15）
3 佐々木豊秋さん（71）
4 藤沢　烈さん（45）
5 青山　昌嵩さん（48）
6 米澤　伸吾さん（44）
7 佐藤　陽さん（34）
8 荒木　優さん（30）
9 喜多羅滋夫さん（55）
10 村上紗也子さん（15）

4

3

2

1

8

7

6

5

9

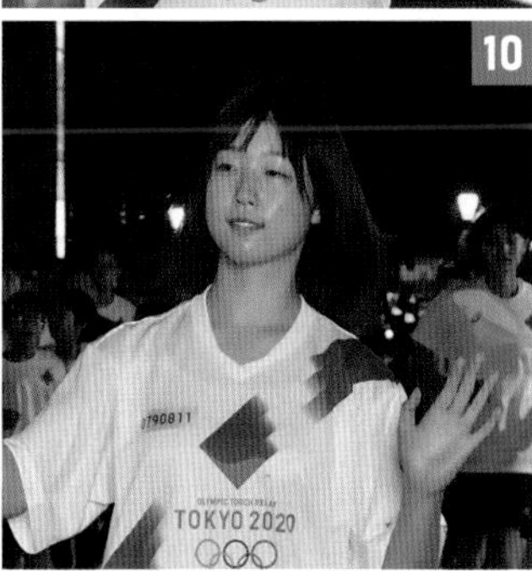
10

消防団の大切さも発信　第6走者・米澤さん

陸前高田市の第6走者米澤伸吾さん（44）＝同市高田町＝は震災遺構のタピック45（旧道の駅高田松原）で聖火を受け取り、復興の歩みを進める街を走った。津波で父政敏さん＝当時（59）＝と消防団の仲間11人を亡くした「3・11」から10年。復興支援や周囲への「ありがとう」を込めて笑顔で走りきった。

家族で営む理容店で大地震に襲われた。父は近所の高齢者宅を回って避難を呼び掛け、犠牲になったとみられる。震災直後は遺体捜索と搬送に奔走し「地元の俺たちが頑張らなきゃいけない」と歯を食いしばった。子どもの小さな亡きがらを運ぶ時は涙が止まらなかった。

家業を継ぐため27歳で帰郷し、勧誘されて消防団に入った。夜警で地域を回り、火災現場も数多く経験した。「地域にとって大きな存在」との思いは震災を経ても揺るがない。聖火ランナーとして消防団の大切さも発信したかった。店舗と仕事道具を失った米澤さんが会員制交流サイト（SNS）で窮状を訴えると、全国からはさみや道具が届いた。「まちが戻ってきたのは皆さんのおかげ。感謝の思いしかない」。

2018年には母ゆみ子さん（70）から生体腎移植を受けた。聖火リレーには「病気と闘う人に元気な姿を見せたい」との思いも込めた。トーチは高台の自宅を改修した理容店に飾り、仏壇の父にも報告するつもりだ。「がれきだらけのまちから、まちは戻ってきている。感謝の思いと元気な姿も届けられたと思う」

ランナーの声

8 荒木 優さん ＝陸前高田市

緊張したが沿道の応援もあり頑張れた。過去のまちを思い、未来のまちを想像して走った。挑戦し続ける陸前高田であってほしい。

10 村上 紗也子さん ＝陸前高田市

温かい声援に勇気をもらった。東日本大震災から10年でいろんな変化はあったが、元気で笑顔あふれる陸前高田になってほしい。

6月17日 アラカルト

TOKYO 2020 OLYMPIC TORCH RELAY

被災地と支援者、聖火がつないだ絆

聖火リレー2日目の6月17日、東日本大震災の被災地に寄り添い続ける県外支援者が復興五輪の聖火をつないだ。支援者と住民が育んだ絆はこれからも変わらない。

「山田」の縁で復興支援を続けてきたタレントの山田邦子さん（61）＝東京都＝は山田町の第1走者を務めた。ゆっくりとしたペースで歩を進め、手を振りながら笑顔で沿道の応援に応えた。震災後は避難所に物資を届け、自身が団長を務める合唱団のコンサートを開いた。2013年からは町復興ふるさと大使も務める山田さんは「町が少しずつ復興し、海も山も美しくよみがえっていた。10年、20年後もっと美しくなる山田が楽しみ。全国にPRしていく」と話した。

「釜石市民の温かさや優しさ、強さを感じる時間だった」。震災遺児孤児や子どもの学び支援などを手掛けるNPO法人全国てらこやネットワーク（神奈川県鎌倉市）の特別顧問・湯澤大地さん（53）は完走後、感慨深げに語った。震災直後に釜石市や大船渡市に入り、がれき撤去や炊き出しに奔走。現在も被災地を支援する催しや子どもたちの多様な体験を支える。「聖火リレーを通じて交流をもっと続けていこうと強く感じた。被災地が元気になる五輪にしてほしい」と願った。

かつて神戸市で阪神大震災を体験し、東日本大震災後は陸前高田市で英語を教えるボランティアに励んできた会社役員喜多羅滋夫さん（55）＝横浜市＝は「阪神の経験からも本当の復興はこれからで、支援を長く続けることが大事。震災のことを忘れず、自分ができることを続けたい」と固く誓った。

防潮堤越しに見える山田湾。聖火リレーを盛り上げようと、沿道には小中学生が駆け付けた＝山田町

聖火の到着を待つ大船渡市大船渡町のサンアンドレス公園で、軽快な音色を響かせる大船渡高吹奏楽部

トーチを掲げ笑顔で走る曽我こなみさん＝田野畑村

穏やかな島の越漁港に面した道を進む聖火ランナー＝田野畑村

トーチを掲げ、宮古市中心部を進む第５走者の佐藤将太さん

聖火到着を祝う式典で、高田高の書道部員が復興への決意を力強い筆致で表現した＝陸前高田市

第１走者として聖火を運び、沿道に笑顔で応える山田邦子さん＝山田町

大漁旗がはためく沿道に手を振る宮古市の第３走者・後川良二さん。復興支援への感謝と水産業の元気を発信した＝宮古市

2021 6月18日

TOKYO 2020 OLYMPIC TORCH RELAY

一関市
平泉町
奥州市
金ケ崎町
北上市
花巻市
遠野市
紫波町
矢巾町
盛岡市

世界遺産登録10年の節目飾る

武田双雲さん

書道家の武田双雲さん(46)＝神奈川県藤沢市＝が、平泉町の最終ランナーとして中尊寺金色堂前まで聖火を運んだ。世界遺産登録10周年の節目と重なり「聖火ランナーとして平泉に関わることができて幸せ」と喜びをかみしめた。

武田さんは2008年に「平泉」のロゴを揮毫(きごう)した縁で交流を重ね、町の観光大使も務めている。この日は地元の小学生らが旗を振って歓迎した。「想像を超えた熱気。マスク越しでも応援の気持ちが伝わり、人とのつながりの大切さを実感した」と充実感をにじませた。

武田さんは「当時(世界遺産登録)の喜びは今も忘れない。アーティストとして浄土を表現する作品をたくさん書いてきたので、自分のことのようにうれしい」と語り、「人々の心を安らかに導く平泉を今後も応援したい」と決意した。

金色堂まで聖火を運んだ武田双雲さん(中央)。「平泉を今後も応援したい」と話した＝平泉町・中尊寺

いちのせきし

一関市

10人 2.23キロ

ランナー

1	小野寺真澄さん（47）	6	田中　剛さん（58）
2	小野寺廣子さん（57）	7	鈴木　芳郎さん（72）
3	佐藤　亮厚さん（53）	8	浅沼　順一さん（63）
4	西脇　裕樹さん（47）	9	梶川　恒雄さん（58）
5	鈴木　慎也さん（38）	10	岩渕　麗楽さん（19）

4

3

2

1

8

7

6

5

10

9

ランナーの声

2 小野寺 廣子さん ＝奥州市

つらかった難病を患ってからのことを思い出しながら走った。きちっと病気に向き合い、治療すれば、このように元気に走れる。

5 鈴木 慎也さん ＝平泉町

1964年の東京五輪で父は聖火リレーの伴走者だった。父の感動を体感できて、とてもうれしい。この盛り上がりを子どもにも伝えたい。

最終走者の岩渕麗楽さんを一関地方のゆるキャラたちが出迎え、ゴールを盛り上げた＝一関市役所

力強い演奏で聖火リレーの出発式を盛り上げる一関二高の太鼓道場部＝一関文化センター

ひらいずみちょう
平泉町

5人 | 0.8キロ

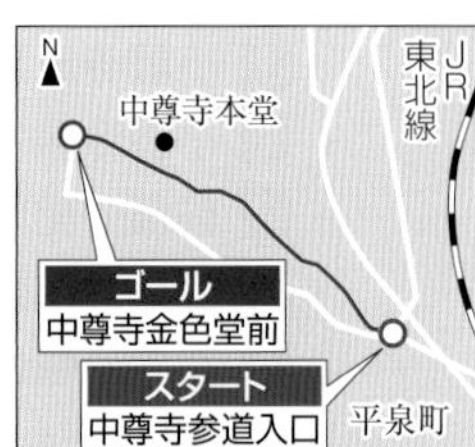

ランナー

1 佐々木久美さん(42)
2 高橋　秀明さん(44)
3 三浦　　崇さん(35)
4 戸嶋　麻美さん(46)
5 武田　双雲さん(46)

聖火を手に月見坂付近の中尊寺参道を駆け上がる第2走者の高橋秀明さん

ランナーの声

1 佐々木 久美さん
＝平泉町

町民の皆さんの思いを感じながら、世界遺産の場所で貴重な経験ができた。次世代を担う子たちに勇気や希望を与えられたと思う。

3 三浦 崇さん
＝盛岡市

中尊寺を走ることができて非常に光栄。東日本大震災後にいろいろな方に支えられたことを思い、感謝の気持ちを込めて走った。

小旗を振りながら聖火ランナーを迎える平泉小の子どもたち

おうしゅうし
奥州市

8人　1.57キロ

ランナー

1 本間　希樹さん(49)
2 村岡　康仁さん(39)
3 三田　恭諭さん(38)
4 小暮　重人さん(46)
5 三浦　秀一さん(53)
6 工藤　勝則さん(58)
7 並木　徳仁さん(48)
8 大崎　ミオさん(90)

4

3

2

1

8

7

6

5

ランナーの声

2 村岡 康仁さん
＝奥州市

未来を生きる子どもたちに、人とのつながりの大切さを伝えたいと思った。自分の子ども3人に応援してもらい、幸せです。

3 三田 恭諭（やすゆき）さん
＝奥州市

みんなに支えられていると実感した。地元の駅伝大会や念仏剣舞、蘇民祭に参加してきたが、ますます地元が好きになった。

スタートを待つ大崎ミオさん。家族が手作りの横断幕で応援した

90歳大崎さん 一歩一歩ゆっくり

「障害のある人や家族を介護している人を励ましたい」。県内の聖火ランナー最高齢となる90歳で参加した大崎ミオさん＝奥州市水沢＝は、自らの歩みをたどるように聖火をつないだ。

2020年1月、夫の善夫さんが91歳で亡くなった。献体された善夫さんの遺骨が戻ってきたのは、聖火リレーの前日。「（夫に）話しかけて今日に備えた」。伴走の孫とともに200メートル余りを一歩一歩ゆっくりと進んだ。家族も手作りの横断幕を掲げて応援した。

「支えてくれる人を励ましたい」という思いから、聖火ランナーを決意。1年延期で周囲も心配したが、毎日の体操や散歩を欠かさず本番に備えた。

視力が衰え、耳も遠くなり「どなたが応援してくれたか、分からないことはあった」。それでも見事、役割を果たし「最高です」と爽やかな笑みを浮かべた。

かねがさきちょう
金ケ崎町

5人 | 0.5キロ

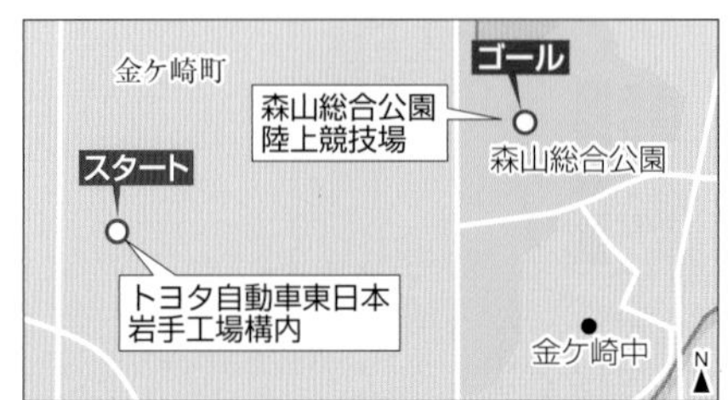

ランナー

1 亀井 優子さん(39)
2 李 国斉さん(41)
3 小野 勝司さん(26)
4 佐々木真由美さん(57)
5 飯田 實徳さん(76)

ランナーの声

4 佐々木 真由美さん ＝金ケ崎町

応援の皆さんの姿を見ながら楽しく走り、感動と感謝の思いでいっぱい。つないだ聖火が無事に聖火台にともることを祈っている。

5 飯田 實徳（みのり）さん ＝金ケ崎町

２回目の聖火リレーを笑顔で完走できた。子どもたちもこの感動を忘れずにいてほしい。希望がつながる五輪になることを願う。

サポートランナーとして飯田實徳さんと走る金ケ崎町の小中学生＝森山総合公園陸上競技場

きたかみし
北上市

11人　2.09キロ

ランナー

1 鈴木　　渉さん(15)
2 菊池　拓也さん(51)
3 佐々木秋羽さん(14)
4 髙橋　新悦さん(37)
5 後藤　文子さん(66)
6 マジカル河童ちゃんさん(27)
7 大堰　徳さん(18)
8 遠藤靖子さん(33)
9 及川　司さん(59)
10 工藤　博さん(47)
11 八重樫東さん(38)

ランナーの声

1 鈴木 渉さん＝北上市

応援されるうれしさや感動を体感でき、一生の思い出になった。励ましてくれる人への感謝を忘れずに生きていきたい。

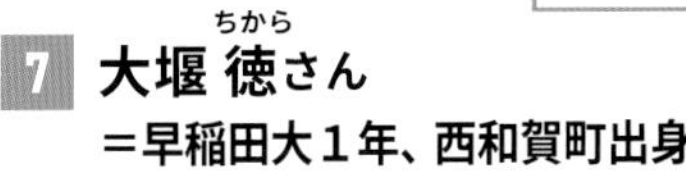

7 大堰 徳（ちから）さん＝早稲田大1年、西和賀町出身

将来はスキー距離の日本代表として、聖火台に火がともる瞬間を見たい。

10 工藤 博さん＝西和賀町

距離スキーで(2002年ソルトレーク)五輪に出場して以来の聖火との再会だった。聖火には人を励ます力がある。コロナ禍で不安を抱える選手を勇気づけたい。

ミニセレブレーションで聖火の到着を盛り上げる郷土芸能の鬼剣舞＝詩歌の森公園

<ruby>花巻市</ruby>

はなまきし

花巻市

15人　3.01キロ

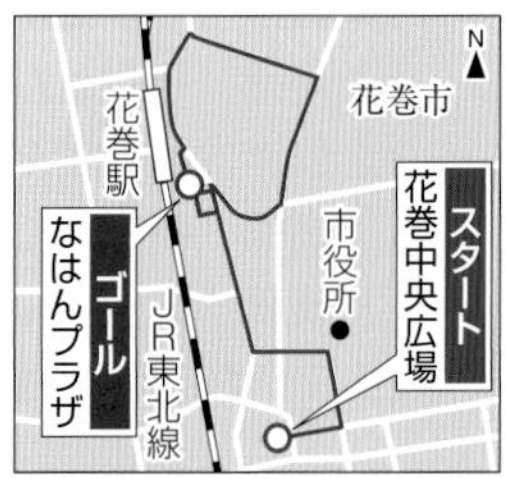

ランナー

1 佐々木　亮さん(41)
2 鈴木　　拓さん(17)
3 佐々木善信さん(59)
4 佐々木美文さん(40)
5 鎌田　梨瑚さん(16)
6 なかしま さん(18)
7 熊谷　　遙さん(15)

宮沢賢治の「銀河鉄道の夜」をイメージした壁画の前を通過する渡邉天空さん

ランナー

8	新田　彩乃さん	(33)
9	永本　聖空さん	(13)
10	切田　久代さん	(50)
11	渡邉　天空さん	(14)
12	安藤　　昭さん	(61)
13	パンチ佐藤さん	(56)
14	久保田泰輝さん	(64)
15	松村龍之介さん	(27)

ランナーの声

9 永本 聖空（きよら）さん ＝花巻市

無事聖火をつなげられて良かった。将来はノルディックスキー複合の五輪選手になり、今日のように応援される存在になりたい。

15 松村 龍之介さん ＝東京都

久しぶりに帰ってきた花巻で楽しい時間を送れた。地元の方が自慢できるような役者になるため、より一層頑張ろうと思った。

なはんプラザ前には、聖火を一目見ようと多くの人が集まった

遠野市（とおのし）

11人　2.12キロ

ランナー

1 佐々木翔星さん(15)
2 山口　淳さん(60)
3 奥友　勝典さん(48)
4 つーさん さん(46)
5 吉田　渉さん(48)
6 小笠原麻子さん(49)
7 野中　和彦さん(55)
8 椎名　祐基さん(34)
9 菊池　春さん(69)
10 道又由実子さん(52)
11 菊池　利三さん(48)

サポートランナーとともにゴールへ向かう最終走者の菊池利三さん

ランナーの声

1 佐々木 翔星（しょうせい）さん＝遠野市

緊張したが、沿道の同級生の応援が力になった。水泳選手として成長し、家族や友人ら支えてくれるみんなに恩返ししたい。

11 菊池 利三（としみ）さん＝北上市

生まれ故郷で素晴らしい時間を過ごせたことに感謝したい。今日の炎を見た子どもたちが、たくましく育つ姿を楽しみにしている。

紫波町（しわちょう）

8人　1.59キロ

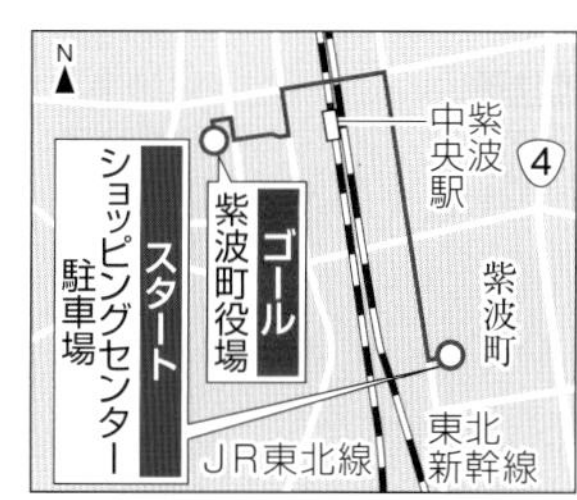

ランナー

1 松尾　結さん(16)
2 阿部　清稔さん(53)
3 松岡俊太郎さん(70)
4 吉田　貴浩さん(42)
5 山田　栄作さん(53)
6 伊藤　岳さん(62)
7 柏葉　公敬さん(69)
8 藤原　優毅さん(14)

大勢の応援を受け、笑顔でスタートする第１走者の松尾結さん

ランナーの声

1 松尾 結（ゆい）さん ＝紫波町

沿道の応援に元気をもらい、自然な笑顔で走れた。五輪が、震災の被災者が少しでも明るく過ごすきっかけになってほしい。

4 吉田 貴浩さん ＝紫波町

コロナ禍で盛り上がるか不安だったが、たくさんの人に集まってもらえた。子どもたちには、母国開催を誇りに思ってほしい。

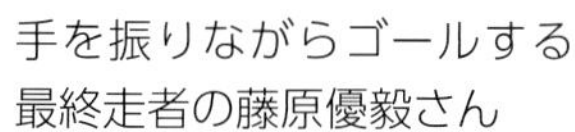

手を振りながらゴールする最終走者の藤原優毅さん

やはばちょう

矢巾町

8人 2.05キロ

ランナー

1 小網いつきさん(24)
2 盛合　美誉さん(29)
3 田中将希巳さん(48)
4 カッキーさん(65)
5 みちのくコカ・コーラボトリング
6 吉田　紘子さん(42)
7 伊藤　篤司さん(38)
8 高橋　幸平さん(20)

公道唯一のグループランナーとして聖火リレーを盛り上げた「みちのくコカ・コーラボトリング」

ランナーの声

1 小網 いつきさん＝矢巾町

昔の友達が応援に駆けつけてくれた。これまでカヌーを続けるために支えてくれた人へ、感謝の気持ちを伝えられたと思う。

7 伊藤 篤司さん＝紫波町

五輪への熱の高まりを感じた。特別支援学校の教え子たちに、何事も諦めず自分にしかできないことに挑戦してほしいと願い走った。

メンバー

西川亜紀子さん(42)
髙橋　美保さん(27)
三上　　琴さん(30)
伊藤　千春さん(48)
小野恵里子さん(57)
似内　友美さん(37)
中居　未幸さん(31)
茶畑　　舞さん(31)
中村　真子さん(25)
廣内佳奈子さん(22)＝順不同

もりおかし

盛岡市

※盛岡八幡宮での聖火到着を祝う式典「セレブレーション」でトーチキスを実施。

ランナー

1 小笠原智幸さん(42)
2 成澤　綾香さん(26)
3 川﨑　　毅さん(58)
4 竹村　　馨さん(47)
5 野澤　俊一さん(54)
6 伊藤　剛臣さん(50)
7 藤原　　巧さん(39)
8 なべちん さん(51)
9 西川　修司さん(47)
10 谷村　広和さん(43)
11 田辺　　博さん(59)
12 百目木敏行さん(43)

ランナーの声

6 伊藤 剛臣(たけおみ)さん＝東京都

釜石シーウェイブスＲＦＣを引退するまで６年間お世話になった岩手の地で聖火をつなげてうれしい。感謝を伝えたかった。

13 平野 修至(しゅうじ)さん＝盛岡市

（「いわてスーパーキッズ」のメンバーとして参加）将来の夢に向かって、貴重な体験ができた。大谷翔平選手のようなプロ野球選手になりたい。

もりおかし

盛岡市

ランナー

13 いわてスポーツチーム

錦木　徹也さん(30)	花井　統さん(14)
三ケ田礼一さん(54)	中山　苺衣さん(16)
永井　秀昭さん(37)	田中　珀さん(15)
平野　修至さん(14)	阿部友里香さん(25)
中田珠美礼さん(14)	三浦　陽さん(15)

＝順不同

義足の走り見せたかった　小笠原さん

盛岡市の公道走行は中止となり、「義足できれいに走る姿を見せる」ことはかなわなかった小笠原智幸さん（42）＝盛岡市永井。悔しさをにじませながらも聖火を迎えるセレブレーションに臨み「精いっぱい楽しくできた」と振り返った。

自分の走りを通して障害者や県民に勇気と感動を与えたかった。小1の長女、4歳の次女に「義足だけれどかっこいいパパを見せたい」と練習を重ねた。応募後の2019年秋には心筋梗塞で倒れ、一度は辞退を考えた。それでも、妻美咲さん（32）の「一生に1度なんだから」との言葉に支えられた。

たくましく育ててくれた両親。背中を押してくれる妻。「岩手の地が私の心を、脚を強くしてくれた」と周囲に感謝し「同じように障害があったり、何かをどう始めればいいんだろうと思っている人がいると思う。そんな人たちの後押しになれたらうれしい」と強く願った。

Hope Lights Our Way
希望の道を、つなごう。

トーチキスで成澤綾香さんとポーズを決める小笠原智幸さん（左）

6月18日 アラカルト

TOKYO 2020 OLYMPIC TORCH RELAY

巨大電波望遠鏡を背にトーチを掲げて走る本間希樹さん。国立天文台水沢ＶＬＢＩ観測所所長の本間さんは「東北や岩手の人にとって、復興を発信する意味合いがある」と復興五輪の意義を強調した＝奥州市

母校・黒沢尻西小の児童と記念写真に納まる八重樫東さん。「激闘王」の異名で活躍した元プロボクシング世界王者は「コロナとの闘いに打ち勝つのは人間だ」と、地元ファンに情熱を届けた＝北上市・詩歌の森公園

観衆に手を振る盛合美誉（みえ）さん。車いすでの参加となったが、笑顔で聖火をつなげた＝矢巾町医大通

ゴール地点で最終走者の高橋幸平さんを出迎える矢巾北中特設合唱部の生徒たち＝矢巾町

遠野市のゴールとなった国体記念公園サッカー場。大勢の子どもたちが最終走者の菊池利三さんを応援した

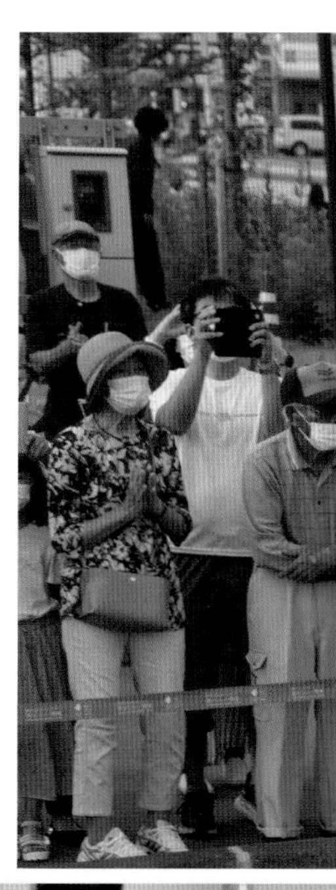

1964年の聖火リレーコースだった花巻市上町。57年ぶりの聖火が商店街を盛り上げた

沿道の観客に笑顔で応える遠野市の第1走者・佐々木翔星さん

横断幕を掲げた仲間から激励される花巻市の第14走者の久保田泰輝さん＝花巻市大通り

公道最後の聖火リレーとなった矢巾町医大通の沿道には、聖火を一目見ようと沿道に人垣ができた

被災地ともす「復興の火」

2020

東京五輪の聖火を東日本大震災の被災地で展示する「復興の火」が2020年3月22、23の両日、本県で行われた。初日は三陸鉄道とJR東日本の「SL銀河」が聖火を運び、宮古市を皮切りに陸中山田駅、大槌駅、釜石駅、上有住駅、遠野駅、花巻駅の駅前7カ所で展示した。小雨が降る中、訪れた人たちは復興への思いを重ねながら、ランタンで静かに燃える聖火を見守った。

宮古市で行われた出発式典では、達増知事が「国内外からの支援への感謝、復興の誓いをこの火に込め、岩手から送り出す」と宣言した。

TOKYOへ思いはせ

聖火リレーの国内第１走者に決まり、記者発表会で意気込みを語る岩清水梓さん(中央)＝12月17日、東京都内

釜石市にお目見えした旧国立競技場の聖火台。三陸防災復興プロジェクトに出席する各国代表者らに「復興五輪」を発信した＝５月31日、釜石市・市民ホールTETTO（テット）

旧国立競技場の聖火台を磨き、東京五輪・パラ五輪に思いをはせる小学生ら＝６月29日、宮古市・市民総合体育館

聖火を運ぶ三陸鉄道の臨時列車。車窓からは防潮堤工事が進む吉里吉里海岸が見えた＝3月22日、大槌町

達増知事（右から2人目）が点火し、聖火皿で赤々と燃える「復興の火」＝3月22日、宮古市

聖火皿にともされた「復興の火」の前で記念撮影する家族連れ＝3月22日、宮古市・宮古駅前広場

「復興の火」を運び、陸中山田駅に到着する三陸鉄道の臨時列車。地元住民がホームで大漁旗を振って出迎えた＝3月22日、山田町

釜石駅前に展示された聖火をひと目見ようと、大勢の市民が訪れた＝3月22日、釜石市

ランタンを手にＪＲ花巻駅に降り立つ組織委スタッフ。釜石からはＳＬ銀河に乗り換えて聖火を運んだ＝3月22日、花巻市

大船渡市で展示された「復興の火」。２００人以上の市民が見守る中で点火され、東京五輪の成功と復興の願いを新たにした＝3月23日、大船渡市防災観光交流センター「おおふなぽーと」

聖火リレーのトーチを手に取り、五輪への関心を高める鱒沢小の児童たち＝９月８日、遠野市

2020 １年延期 成功を信じ

雫石町を皮切りに始まった聖火リレートーチの県内巡回展。地元を走る聖火リレーランナーとして気持ちを高めるそのだつくしさん（左）と村上優空（ゆら）さん＝９月24日、雫石町・町中央公民館

聖火リレースタートまで260日となり、カウントダウンボードが県庁前に登場。ソチ五輪カーリング代表の苫米地美智子さん（右端）と、県カーリング協会長の浪岡正行さん（右から2人目）らが盛り上げに一役買った＝９月29日、盛岡市

１年延期された聖火リレーの新しい日程が発表になり、滝沢市役所ではトーチを撮影する来庁者らの姿があった＝９月28日、滝沢市

2021 コロナ禍 はねのけて

奥中山中と盛岡みたけ支援学校奥中山校の交流体育祭で、五輪ムードを高めようと模擬聖火リレーが企画された。最終走者役の生徒２人が、1964年の聖火リレーで実際に着用されたユニホームに身を包み、聖火台に点火した＝５月15日、一戸町・奥中山中

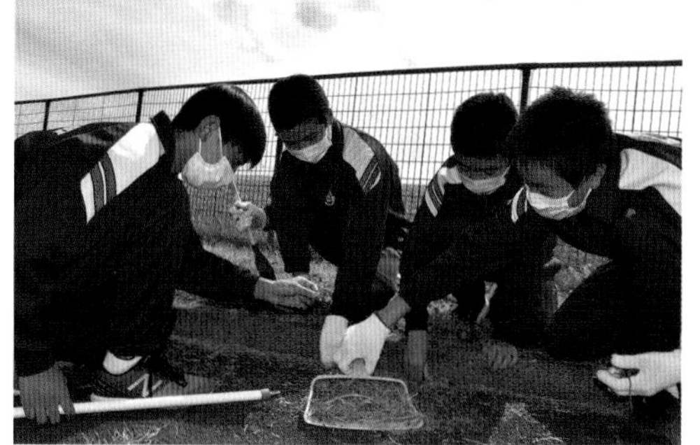

聖火リレーコースの雫石町総合運動公園を清掃する雫石中の３年生ら＝５月31日、雫石町

国道沿いで草刈りを行い、聖火リレーに備える山田町の地元住民＝６月13日

東京五輪・パラリンピックの公式文化プログラムに登場した巨大操り人形「モッコ」。東日本大震災のワークショップで子どもたちが描いた絵を基にデザインされ、巨体を動かして「復興五輪」への機運を高めた＝５月15日、陸前高田市・高田松原津波復興祈念公園

聖火リレーを翌日に控え、コース沿いのゴミ拾いを行う久慈高の生徒たち＝６月15日

聖火リレーを控え、トーチやユニホームなど備品の仕分け作業を行う県立大の学生ボランティア＝６月10日、滝沢市

2021

まちに聖火がやってきた 5町村で巡回展示

聖火リレーの本県ルートに入らなかった軽米町、九戸村、葛巻町、西和賀町、住田町の５町村で聖火が巡回展示された。「笑顔で灯(とも)そう。幸せの火。希望の火。」と題して聖火事業等県実行委が主催したもので、軽米町を皮切りに３月12日から16日まで１日ずつ展示した。

軽米町での開幕式典には達増知事や山本賢一町長、町民ら約200人が見守る中、真ちゅう製のランタンで静かに燃える聖火がお披露目された。子どもたちは「ぴかぴかのランタンがきれい」「ギリシャから消えないまま届いてすごい」と見入っていた。

3月12日
軽米町

3月13日
九戸村

3月14日
葛巻町

3月15日
西和賀町

3月16日
住田町

トーチを掲げた岩清水梓選を先頭に、聖火リレーをスタートする2011年サッカー女子ワールドカップで優勝した日本代表「なでしこジャパン」のメンバーら＝2021年３月25日、福島県のサッカー施設「Ｊヴィレッジ」（ロイター＝共同）

3月25日　福島から聖火リレースタート

岩清水さん、晴れやか第1走者

新型コロナウイルス感染症の流行で1年延期された東京五輪の聖火リレーが２０２１年３月25日、福島県内でスタート。東日本大震災が起きた２０１１年のサッカー女子ワールドカップ（W杯）で優勝した「なでしこジャパン」の岩清水梓選手（滝沢市出身）ら16人が第1走者を務め、復興と支援への感謝を発信した。

出発式は、東京電力福島第1原発事故の収束作業の拠点となったサッカー施設「Jヴィレッジ」（楢葉町、広野町）で無観客で行った。「なでしこ」を代表して岩清水選手が桜の花びらをモチーフにしたトーチに点火。メンバーと周囲の拍手に笑顔で応えて走った。終了後、「トーチを持つ大役を務め、大変光栄だった。岩手や東北の皆さんに喜んでもらえたらうれしい」と思いを語った。

車道にまで人があふれる熱気の中、ゴールの岩手公園に向かう聖火ランナー＝1964年９月22日、盛岡市東大通り

熱気と歓喜

1964
いわて聖火リレー

1964（昭和39）年の東京五輪聖火リレーは、岩手県を南北に縦断する形で行われた。金田一村（現二戸市）から一関市までの約197キロ、131区間を聖火ランナーが走り抜け、当時の報道によると延べ約70万人が沿道に詰めかけたとされる。

聖火は9月21日正午ごろ、青森県から本県入り。24日の「休養日」を含めて1週間、各地で「聖火フィーバー」に沸いた。福岡高グラウンドでは五輪音頭が披露され、盛岡市の岩手公園には「空前の人波」（9月23日付朝刊1面）の市民がオリンピアの火を出迎えた。岩手日報社に残る貴重な写真には、聖火を一目見ようと、建物の屋上や商店街のアーケードの上にまで人が集まった様子が写っている。

石垣の上まで観衆で埋まった岩手公園。予定通り午後４時20分ごろ聖火が到着し、ファンファーレとともに聖火皿に点火された＝1964年９月22日、盛岡市

福岡高校グラウンドで五輪音頭を披露し、聖火到着を盛り上げる地元の女性たち＝1964年９月21日、福岡町（現二戸市）

青岩橋を渡り、青森県から金田一村（現二戸市）に入る聖火リレーの一行

金田一村

1964
9/21
Olympic-torch relay course
聖火リレーコース
8区間

金田一村 正午ごろ 青岩橋
福岡町 13:05 福岡高

平野青森県副知事から工藤県教育長に引き継がれる聖火

リハーサル風景

一戸町で行われたリハーサル＝8月29日

岩手公園にはいる聖火リレー試走隊（トーチは岩手橘高の藤井剛さん）＝8月29日、盛岡市

盛岡市内にお目見えした聖火リレーの進行を表わす看板＝9月10日

福岡町

熱烈な歓迎を受け、福岡町（現二戸市）の目抜き通りを走る聖火ランナー

聖火 岩手で第一夜おくる

福岡高で到着式

一万人の群衆が歓迎

漁船捕獲と切り離す

対韓経済援助の実施

機構の

聖火リレー初日の様子を伝える９月22日付の岩手日報朝刊１面

福岡高グラウンドで披露された五輪音頭

右手に岩手山を望みながら南下する聖火ランナーの一行

1964 9/22

Olympic-torch relay course

聖火リレーコース

53区間

奥中山付近を走る聖火リレー

玉山村を走る聖火ランナー。後ろに見えるのは姫神山

総出で聖火歓迎

福岡 小保内選手の一家

本土来襲の おそ

9月22日付岩手日報夕刊３面。陸上競技女子砲丸投げ代表の小保内聖子選手の実家前を走る聖火リレーの様子を伝えた

仕事の手を休め聖火リレーの一行に手を振る人たち＝岩手町沼宮内

盛岡市

夕顔瀬橋付近

北上川に沿って南下し、盛岡市中心部に向かう聖火ランナーの一行=盛岡市夕顔瀬橋付近

岩手日報

聖火赤々と…五輪一色の県都

空前の人波ぬって

岩手公園で感激の到着式

9月23日付の岩手日報朝刊１面

岩手公園に到着、勢いよく燃えるオリンピアの火。翌23日は「休養日」となり、聖火は盛岡市役所で保管された

福岡町

9:00
福岡高

一戸町

岩手町

玉山村

滝沢村

盛岡市

16:20
岩手公園

1964

9/24

Olympic-torch relay course

聖火リレーコース **33**区間

- 盛岡市　10:00 岩手公園
- 都南村
- 矢巾村
- 紫波町
- 石鳥谷町
- 花巻市
- 北上市　14:38 黒沢尻西小

盛岡市

岩手公園を出発し、東北銀行前から中の橋へ向かう聖火ランナー

聖火ランナーを見送る大勢の市民＝盛岡市内丸

矢巾村

聖火を歓迎する県立養護学校の子どもたち＝矢巾村

中の橋を渡り、国道4号方面へ向かう聖火ランナー＝盛岡市

花巻市

聖火リレーを出迎える大勢の花巻市民（写真左下のマルカンは、百貨店として移転する前）＝花巻市上町

北上市

黒沢尻西小学校校庭で行われた聖火到着式＝北上市

北上農高前を通過する聖火ランナー

稲刈りが終わったのどかな光景の中、雨をついて黙々と走る聖火ランナー＝金ケ崎町

金ケ崎町

北上市 9:45 黒沢尻西小 ― 金ケ崎町 ― 水沢市 ― 前沢町 ― 平泉町 ― 一関市 14:13 一関小

1964 9/25

Olympic-torch relay course

聖火リレーコース

33区間

台風20号による豪雨にもかかわらず、大勢の市民が見守った聖火リレー＝水沢市横町付近

雨のため一関小学校講堂で行われた聖火到着式＝一関市

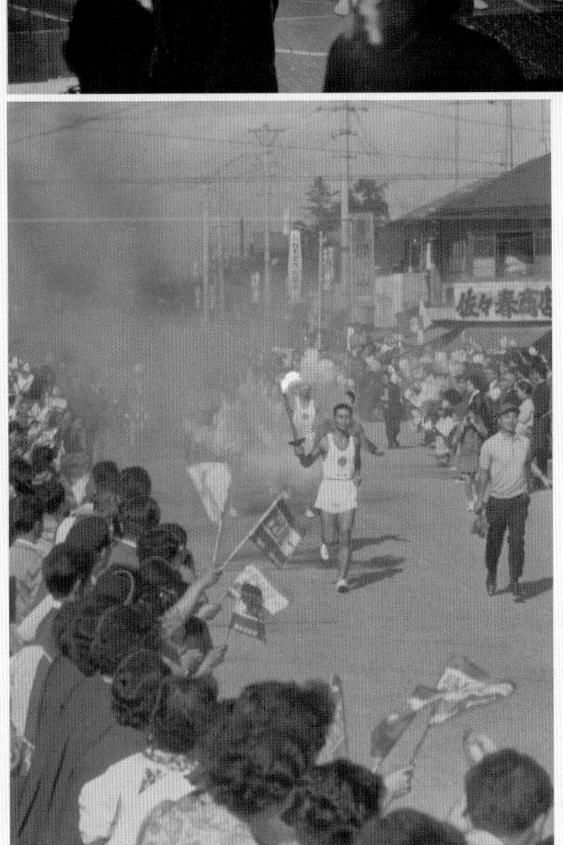

沿道に詰めかけた観衆に見送られ、一関市を出発する聖火ランナー

1964
9/26
Olympic-torch relay course
聖火リレーコース
4区間

一関市	宮城県境
9:00	9:30
一関小	

岩手のオリンピアン

夏季大会代表選手と戦績

Iwate Olympian

　1936年のベルリン大会から2016年のリオデジャネイロ大会まで、夏季五輪代表となった本県出身選手は33人（男24人、女9人、不参加のモスクワ大会含む）。サッカーの八重樫茂生（花巻市東和町出身、2011年死去、78歳）が最多3回の出場を数え、メダリストは銀が2人、銅が4人。出身地別では盛岡市が最多5人。山田町の4人をはじめ、沿岸部出身のオリンピアンも目立つ。（敬称略）

若きFW 八重樫、不発

サッカー　八重樫 茂生（花巻市東和町）

早大、盛岡一高

1回戦	●0－2　豪州

　早大の八重樫茂生が堂々の代表入り。センターフォワードとして日本の攻撃陣を引っ張ったものの、開催国の豪州に完敗を喫した。

初の女性オリンピアン

陸上競技　松田 靖子（陸前高田市）

大昭和製紙、高田高－中大

女子砲丸投げ予選
13メートル51＝落選

自転車　大宮 政志（滝沢市）

日大、盛岡一高

ロードレース（175キロ）
11周目で失格

　陸上競技砲丸投げの松田靖子が、国内予選で14メートル75の日本新をマーク。本県女性初の五輪出場を果たした。自転車の国内ロードレースで無敵を誇った大宮政志は、11周目で先頭集団に抜かれて失格。初めての五輪は無念の結果で終わった。

第1号はホッケー菊池

　県人オリンピアン第1号はホッケーの菊池信。東京商大（現一橋大）で本格的にホッケーを始め、ポイントゲッターとして活躍した。初戦の米国戦で先制点を含む2得点を挙げ、勝利に貢献した。

ホッケー　菊池 信（盛岡市）

東京商大OB、盛岡中－東京商大

予選Aグループ	○6－1　米国
	○3－1　ハンガリー
	●0－9　インド

（日本は2勝1敗で予選敗退）

1960年ローマ五輪　女子砲丸投げ

松田 靖子さん＝陸前高田市出身

大観衆が見詰める「特別な空間」

この場所に立つと、あの日の鼓動がよみがえってくる。1960年のイタリア・ローマ五輪、陸上女子砲丸投げに出場した陸前高田市出身の松田靖子さん（82）＝東京都練馬区＝は完成したばかりの東京・国立競技場の前で「気持ちが高ぶってくる。この中で投げてみたい」と目を輝かせた。60年前。この地で日本女子砲丸投げの歴史を切り開いた。

安保闘争が激化し、国会議事堂で学生と警官隊が衝突した60年6月15日、旧国立競技場でローマ五輪の選考会が開かれた。社会人1年目の松田さんの自己ベストは14メートル19。五輪出場ラインまでは41センチもあった。

「コンディションや天候など全てかみ合った。全身にずしっとくる感覚は、1年に1度あるかないかの手応え」。14メートル75。会心の一投で五輪切符をつかんだ。

代表を争った二戸市出身の小保内聖子さんが飛んできて喜んだ。「競い合うライバルがそばにいたのは励みになった。頑張ったかいがあった」と振り返る。

五輪への道のりは、まさに「ローマは一日にして成らず」だった。高田高時代にインターハイで優勝し、中央大へ進学するも2年時は肩や脚などを故障。「布団を背負って帰ろうかと思った」と落ち込んだが、親の反対を押し切って上京しており、諦めるわけにはいかなかった。

「このままじゃ、負け犬になる」と3年の冬は1日6時間の猛練習に耐えた。短長距離の走り込み、神社の石段を片足ジャンプで上るなど徹底して足腰を鍛えた。成果は出た。4年時に13メートル92で当時の日本新記録を樹立。翌年も記録を伸ばし、五輪まで一気に駆け上った。

砲丸投げ女子では日本初、県人としても初の女子五輪選手の誕生に地元は大いに盛り上がった。8月1日、両親らに見送られて出国し、欧州遠征を経てローマ入りした。

同25日の開会式。次の開催地の日本選手団が入場すると10万人の観衆がどよめいた。「気持ちが高揚して、自分じゃないみたいだった」と感激した。

選手村は美容室やコーヒーショップもあり快適だった。各国の選手と片言の言葉で交流。スポーツに打ち込む若者同士は自然に打ち解けた。人種や国籍を超えた、まさに平和の祭典を体感した。

迎えた9月2日の本番。大観衆が見つめる中、サークルに立つ。4年に1度の大舞台は特別な空間だった。「全然駄目だった。空気にのまれてしまった」。最高は13メートル51。予選敗退だった。

力は出し切れなかったが「目標に向かって夢中になることを学び、自分に自信が持てた」。五輪での経験は代え難い財産となった。

（2020年1月1日掲載、年齢は紙面掲載時）

ローマ五輪の公式ジャケットを着て、国立競技場の前で「浮き浮きしてしまう。やっぱり思い出すね」と五輪の高揚感を懐かしむ松田靖子さん＝2019年12月、東京都新宿区

被災した地元に強い思い

ローマ五輪から帰国した松田さんは1962年、インドネシア・ジャカルタでのアジア大会に出場。陸上チーム主将の重責を果たし引退した。

その後は高校生から憧れていた美容の道へ。「陸上の練習ほど大変なものはない。一生懸命やることは裏切らない」と競技生活が支えとなった。

陸上にも経験者として携わった。64年東京五輪では競技役員を務め、国立競技場で小保内聖子さんを見守った。女子砲丸投げは54年の日本選手権から吉田素子さん、小泉とし子さん、松田さん、小保内さんの県勢４人で９連覇。本県は投てき王国だった。

吉田さん、小泉さんも出身の陸前高田市は2011年の震災で甚大な被害を受けた。松田さんの同市気仙町の実家は被災。高校時代に練習した高田松原や大会に向かうため利用した陸前高田駅も流失した。

ローマ五輪出場を決めたのは、本県をチリ地震津波が襲った直後だった。ラジオにかじりついて応援してくれた地元への思いは強い。松田さんは本県から五輪を目指す後輩たちへエールを送る。「被災地に明るい話題を届けてほしい。諦めなければ夢はかなう」

1964 東京 Tokyo

県人4人、地元開催で奮闘

開会式を終え、感激の表情で写真に収まる（左から）小保内聖子、八重樫茂生、大宮政志、千葉幹夫の4選手＝1964年10月10日

日本選手団439人のうち、本県から4人が大舞台に臨んだ。自転車の大宮はトップ集団で最後まで力走。50人近い選手がゴールになだれこむ中、36位でフィニッシュ。トップとわずか0秒13差だった。サッカーの八重樫は中心選手として活躍。アルゼンチンを逆転で撃破（前半0―1、後半3―1）した日本を攻守で引っ張り、ガーナ戦ではゴールも奪った。女子砲丸投げの小保内聖子（現姓椛沢）は、当時の日本記録（15メートル24）保持者だったが、力を発揮できず予選敗退。獣医師の千葉幹夫は「真歌号」とともに奮闘。4人が出場した日本勢でただ一人順位をつけた。

女子砲丸投げ予選
力投する小保内聖子＝1964年10月20日、国立競技場（共同通信）

陸上競技 小保内 聖子（二戸市）
リッカー、福岡高－日大

女子砲丸投げ予選	13メートル70＝落選

自転車 大宮 政志 ＝2大会連続2度目
電電公社

ロードレース（195キロ）	36位	4時間39分51秒76

馬術 千葉 幹夫（奥州市前沢）
日本中央競馬会、一関一高－北大

総合馬術	34位	馬場馬術	12位
		耐久	37位
		障害飛越	26位

サッカー 八重樫 茂生 ＝2大会ぶり2度目
古河電工

予選Dグループ	
○3－2	アルゼンチン
●2－3	ガーナ（八重樫1得点）
準々決勝	
●0－4	チェコ
5、6位決定予備戦	
●1－6	ユーゴ

サッカー準々決勝
善戦及ばずチェコに敗れ、引き上げる八重樫茂生＝1964年10月18日、東京・駒沢球技場

1964年東京五輪　自転車ロードレース

大宮 政志さん＝滝沢市出身

不運の落車、あと0秒13届かず

「鳥肌が立った」。1964年の東京五輪自転車競技に出場した滝沢市出身の大宮政志さん(81)＝東京都八王子市＝は、開会式の感動をそう語る。メダル候補として挑んだ晴れ舞台は「日本をしょっていた」と重圧とも闘ったレースだった。半世紀前の激戦を振り返り、地元五輪に懸ける後輩に「重圧に負けない練習をして勝ってほしい」とエールを送った。

「飛行機が空に五輪の輪を描いていたのを覚えている」。60年のローマ五輪に続く2度目の五輪出場を果たした大宮さん。開会式は東京が初めてだった。あの日の興奮は忘れない。

自転車の日本勢はメダルゼロで、個人ロードレースが競技最終日だった。当日朝、監督から「大宮、頼むよ」と言われた。「日本をしょっているような感じだった」と言葉の重みを今でも思い出す。

地元開催に向け、世界トップだったメルクス（ベルギー）の名を部屋に張り「こいつには負けない」と歯を食いしばった。夏には車を追い掛け、冬は山でランニング。「こんなに練習するなら死んだ方がいいと思うくらい頑張った」と強調する。

力をつけ、本番1年前のプレ大会は世界王者パジール（フランス）を破って優勝。金メダル候補としてスタート地点に立った。

レース途中。前の選手の転倒に巻き込まれて落車した。「ここで終わったら、ずっと練習してきたのが台なしだ」。だが、最悪の事態には至らず愛車が動いてくれた。ギアは重かったが走りながら調整。第2集団から必死に追い上げた。なんとかトップ集団を捉え、最後の力を振り絞る。ゴールに集団でなだれ込む異例の展開。大宮さんはトップから約5メートル後方、タイムは0秒13差でゴール。36位だった。

雨が降っていた。「やり尽くした」。後悔もあるが、全力は尽くした。けいれんして動かない脚がそれを物語っていた。五輪史上、まれに見る大激戦。「たら、ればになるが、落車してから追いかけることに力を使わなければ、もっといいレースができた」と勝負の厳しさを語った。

五輪後は、競輪選手として活躍。引退後は現在も後進育成に力を注ぐ。「選手たちには楽しくとの思いもあるだろうが、やっぱり勝ってほしい。勝たないとだめだよ。五輪は」と思いを託す。

（2019年7月24日掲載、年齢は紙面掲載時）

自転車ロードレースで力走する大宮政志＝1964年10月22日、八王子自転車ロードレースコース（共同通信）

「やっぱり勝ってほしい。勝たないとだめだよ。五輪は」と後輩に思いを託す大宮政志さん＝2019年7月

1968 メキシコ Mexico

ベテラン八重樫、歓喜の「銅」

BRONZE

サッカー 八重樫 茂生 ＝2大会連続3度目

古河電工

グループリーグB組	○3－1	ナイジェリア
	△1－1	ブラジル
	△0－0	スペイン
準々決勝	○3－1	フランス
準決勝	●0－5	ハンガリー
3位決定戦	○2－0	メキシコ

馬術 千葉 幹夫＝2大会連続

日本中央競馬会

総合馬術	失格（野外騎乗で落馬、負傷）

35歳の八重樫茂生が2大会連続3度目の五輪出場。語り草となる日本サッカーの銅メダル獲得に貢献した。初戦のナイジェリア戦で得点につながるボールを再三繰り出した八重樫は、この試合で負傷。主将を欠いた日本は発奮し、最後は地元メキシコを下して歓喜の銅メダルをつかんだ。2大会連続出場の千葉幹夫は落馬で負傷し、無念の失格となった。

サッカー3位決定戦

メキシコを2－0で破り、銅メダルを決めて喜ぶ日本イレブン＝1968年10月24日、アステカ競技場（ＵＰＩ＝共同通信）

1972 ミュンヘン Munich

重量挙げ 佐々木が健闘4位

ボート 湊 義雄（山田町）

山田高ＯＢ、山田高

ダブルスカル（湊、伊藤次男）

予選「3組」	4位	7分17秒51
敗者復活戦「4組」	3位	7分9秒73＝敗退

重量挙げ 佐々木 哲英（西和賀町沢内）

警視庁、福島・平工高－中大

フライ級	4位	プレス 105キロ スナッチ 97・5キロ ジャーク 120キロ

最軽量フライ級で出場した重量挙げの佐々木哲英（2019年死去、73歳）が4位。東欧勢が上位を占める中、健闘した。

地元山田湾を拠点にして鍛えたボートの湊義雄が五輪代表に。伊藤次男（秋田）とペアを組み、ダブルスカルに出場した。

ミュンヘンのボート会場で調整するダブルスカルの湊義雄（右）と伊藤次男＝1972年8月（湊義雄さん提供）

1972年ミュンヘン五輪　ボート

湊 義雄さん＝山田町出身

ひたすら練習、山田湾から世界へ

地元で鍛え続け、世界へ羽ばたいた。1972年ミュンヘン五輪ボートに出場した湊義雄さん(72)＝山田町＝は、64年東京五輪では会場だった国内強化拠点の戸田漕艇場（埼玉県）ではなく「やる気があればどこでもできる」と山田湾を練習拠点に、トップレベルまで上り詰めた。

競技を始めたのは山田高時代。顧問から「全国各地に行けるぞ」と熱心に誘われ、何げなく門をたたいた。2年時に岐阜国体ナックルフォアで準優勝。卒業後は兄の自動車整備工場に勤めながら朝、昼、晩の練習に汗を流した。

「仕事し、練習し、寝ての繰り返し。飲み会などの誘いも断った」。強ければ納得してもらえるが、弱いままでは単なる「付き合いの悪いやつ」。「中央には負けない」という強い気持ちで日々トレーニングに打ち込んだ。

当時も今もボートの中心地は実業団や大学の艇庫が並ぶ戸田。山田湾との環境の差を「どこだろうが、自分がちゃんと練習すればいい競技」とエネルギーに変えた。

メキシコ五輪が開催された68年の福井国体でシングルスカル3位。70年の地元岩手国体では優勝した。ただ、五輪は狭き門だった。ボートはメダル有力競技ではなく派遣枠は選手2人、役員1人。役員を選手兼務とし何とかシングルスカル1人、ダブルスカル1組のエントリーにこぎ着けた。

東京とメキシコの両五輪に出場した秋田県の伊藤次男さんから国内最終予選直前に「2人だったら対抗できるかもしれない」と誘いを受けた。東北コンビでダブルスカルに出場し、有力候補だった東大ペアを破って、五輪切符を手にした。

「日本の1、2位が組めば予選は抜けられる」と自信を胸に西ドイツ（当時）入り。開会式に出席せず、翌日の予選に臨んだが、トップのソ連とは約20秒、3位の西ドイツとは5秒差の4位に終わった。2日後の敗者復活戦で準決勝切符を目指したが3位。突破した2位ポーランドとはわずか0秒1差だった。

「タイム的にはわずかだが、世界との差を感じ、もっと練習しなければと思った」と帰国後の鹿児島国体に向け、レース後も選手村でトレーニングを続けた。

山田湾からオール一つで世界の「大海原」へ挑戦した半世紀前を振り返り「県民体も国体も、大会とは自分がやってきたことを評価してもらう場。だから、五輪は世界規模の評価コンクール。何も気負うことはない」。どんなレースであれ、一日一日の積み重ねが結果につながる。「東北の一匹おおかみ」と呼ばれ、険しい道を切り開いたオリンピアンならではの言葉だ。

（2021年6月28日掲載、年齢は紙面掲載時）

「やる気があればどこでもできる」。五輪出場を果たすまでに自らを鍛え上げた山田湾を見つめる湊義雄さん＝2021年6月23日、山田町

「岩手に育てられた」

1970年の岩手国体へ向けて県内で初めて創部した山田高ボート部は「日本で一番になるべ」と気概に満ちていた。山田湾内での練習は定置網の漁船と競走したり、大島の裏を通ってみたり、コースも自分で選べるなど、湊さんにとって独学が肌に合った。

シングルスカルは社会人１年目で初めて乗った。オーダーメードの船より４、５キロほど重い規格艇で出場した全国大会で、上位に食い込み関係者を驚かせた。

「岩手国体があり岩手に育てられた」と五輪後も国体に懸ける思いは人一倍だ。通算５度の国体優勝を果たし、地元の自動車整備工場に勤めながら、県内外の後進を育成した。

2011年の東日本大震災で自宅、工場とも被災。知人の安否確認や避難所でのボランティアに飛び回った疲れから体調を崩し、入院生活を経験した。

ボートで獲得した表彰状やトロフィーは流失したが「ＮＩＰＰＯＮ」と胸に刻まれた五輪出場時の赤白ジャージーは戻ってきた。これを励みに、再建した自宅でトレーニングを再開。練習用のマシンで記録を競う県のローイング大会に出場する。

「助かった命だし、助けられた命。引退はないのす。いつかまた、大会に出たい。それにしても、なかなかさびが落ちなくてさ」と笑う目の奥には、まだまだ炎が燃えている。

1976 モントリオール Montreal

レスリング工藤 悔しい「銅」

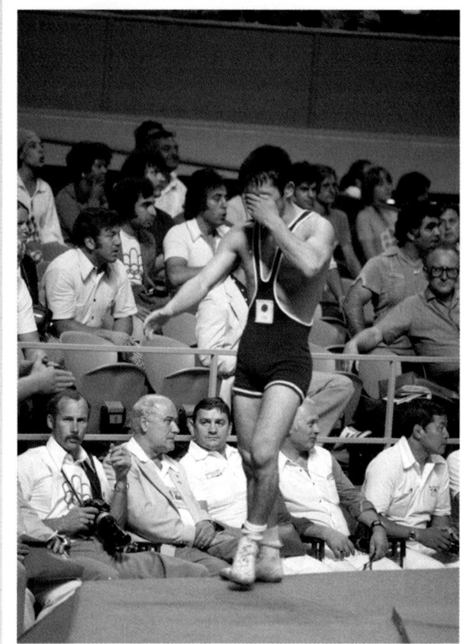
金メダルを逃し、顔を覆ってマットを下りる工藤章＝1976年8月(共同通信)

レスリングの工藤章は5戦全勝の罰点ゼロで、3人による決勝リーグに進出。初戦を警告失格で落とし、2戦目も不可解な警告を受けて失格負け。無念の銅メダルとなった。五輪直前にひざのじん帯を負傷した前川は4回戦で力尽きた。ハンドボールの菊池悟は主に守りの要だったが、カナダ戦では5得点を挙げた。

レスリング 工藤 章（宮古市） BRONZE

三信電気、宮古高－専大

フリースタイル48キロ級

1回戦	○フォール	ポーリオ(イタリア)
2回戦	○警告失格	モビウス(東ドイツ)
3回戦	○不戦勝	
4回戦	○判定	ヘックマン(西ドイツ)
5回戦	○判定	リ・ヨンナム(北朝鮮)
決勝リーグ	●両者警告失格	ドミトリエフ(ソ連)
	●警告失格	イサエフ(ブルガリア)

レスリング 前川 健吉（宮古市）

自衛隊体育学校、宮古水産高－国士舘大

フリースタイル62キロ級

1回戦	○判定	コーマン(ルーマニア)
2回戦	●判定	ファラバシ(イラン)
3回戦	○不戦勝	
4回戦	●両者警告失格	ヤンコフ(ブルガリア) (前川は罰点8で失格)

ハンドボール 菊池 悟（盛岡市）

東京12チャンネル(現テレビ東京)、盛岡一高－早大

予選A組	●16－26	ソ連
	●16－19	西ドイツ
	●17－21	デンマーク
	●22－26	ユーゴ
	○25－19	カナダ
9、10位決定戦	○27－20	米国

1980 モスクワ Moscow

柏崎と長内「幻の代表」

ソ連のアフガニスタン侵攻を受け、米国がモスクワ大会をボイコット。日本も不参加を決め、選手184人が「幻の代表」となった。柔道の柏崎克彦は翌年の世界選手権65キロ級で全試合一本勝ちし、世界王者となって溜飲を下げた。

レスリング 長内 清一（洋野町大野）

青森県教委、大野一中－青森・光星学院高－日体大

柔道 柏崎 克彦（久慈市）

茨城・多賀高教、久慈高－東海大

1976年モントリオール五輪　レスリング

工藤 章さん＝宮古市出身

不可解な判定、マット上でぼうぜん

北緯45度。夏のカナダ・モントリオールは日が長い。「ちょっと勘が狂ったけれど、調子は良かった」。1976年モントリオール五輪レスリング男子のフリースタイル48キロ級代表、宮古市出身の工藤章さん(66)＝東京都渋谷区＝は金メダルに手が届きかけたマットを思い返す。

五輪の年は社会人1年目の22歳。「マングース工藤」と呼ばれた鋭いタックルを武器に、無敗で決勝リーグに進出した。

レスリングは64年東京五輪をテレビで見て感動し、3人の兄の影響もあり宮古高時代から本格的に始めた。専修大ではレスリング女子五輪3連覇の吉田沙保里さんの父栄勝さん、プロレスラー長州力さんら先輩と厳しい練習を重ねた。2年で全日本王者となり4連覇。世界選手権にも3度出場し、臨んだ五輪だった。

決勝リーグは3人で争う。世界選手権ではあと一歩のところで逃してきたメダルが確定したが「金しか考えていなかったので、ほっとなどしなかった」。レスリングは日本のお家芸。頂点しか見ていなかった。

初戦は前回王者のドミトリエフ（ソ連）と対戦。にらみ合いが続き、両者失格となった。次は金メダルを懸け、イサエフ（ブルガリア）と向かい合う。前年の世界選手権でフォール勝ちしている相手だ。

1ラウンドで1度目の警告を受ける。2ラウンドでも2度目の警告を受けたがバックを取って1点を返し、5－5に並んだ。「勝負はこれから」と気を引き締めた、その時だった。

消極的とみなされ3度目の警告を受け失格。ポイントを競っている中で、予想だにしなかった事態だった。金への道が断たれたマット上で、ぼうぜんと目頭を押さえた。

「最後まで試合をした上で負けたなら納得できるのだが、攻めていたのに、失格にさせられた」。激しく落胆した。

約10キロの減量に耐え、挑んだ「夢をつかむ場所」は無情だった。結局、金はイサエフ、銀がドミトリエフ、工藤さんが手にしたのは銅だった。五輪後、イサエフ戦の審判3人が除名されたと耳にした。東西冷戦の対立が激しい時代。不可解な判定を下した3人は東側の出身だった。

悔しい銅メダルだったが、試合はテレビ中継され、地元では大いに盛り上がった。「泣くな工藤、君の銅は重い」。当時の本紙はこう伝えている。

（2020年1月26日掲載、年齢は紙面掲載時）

銅メダルを手に「自分のために頑張ってほしい」とエールを送る工藤章さん＝2020年1月、東京都新宿区

作り物ではないドラマ

工藤さんはモントリオールに練習着を置いて帰国した。五輪で引退。「当時は五輪は1度切りという考え方。生活できないもんね」と未練はなかった。

3年後の79年、宮古市でスポーツ用品販売の「クドウスポーツ」を創業する。専修大で学生に販売する話があったことから上京したが、寸前で立ち消えになった。途方に暮れたが、レスリング仲間の紹介でビル総合管理を学んだことが転機に。ビルメンテナンスや不動産業を手掛けるアメニティコーポレーション社長として成功し、従業員約400人を束ねる。「無我夢中でやって皆さんに助けられた。何事も努力、あとは運だね」と笑顔で振り返る。

レスリングには選手を支える側で携わってきた。日本協会の総務副委員長時代には、バスケットボールの聖地だった代々木第二体育館で全日本選手権を開催。試合用マットを五輪と同様に台の上に置くことも実現。どちらも今では当たり前のように行われている。

東京五輪・パラリンピックに向けては、ライオンズクラブの支援特別委員会副委員長として奔走する。全国から寄付を集め、パラアスリートへの支援や障害がある小中学生の招待など約5億円規模の事業を計画。「自分が東京五輪をテレビで見て感動したように、作り物ではないドラマを体感してほしい」と期待する。

最多6人出場、ロスで躍動

ソ連などが不参加だったものの、史上最大規模となったロサンゼルス大会に最多6人が出場した。五輪初種目で注目された女子マラソンに出場した永田（旧姓佐々木）七恵（2009年死去、53歳）は炎暑のレースを走り抜き19位。レスリングの長内清一は初戦で世界選手権覇者を下すなど好スタートを切ったが、優勝した韓国選手に惜敗した。名門日大の主将だった自転車の猿舘貢は念願の代表入り。ボクシング勢2人と、37歳で代表入りした馬術の牧野孝喜（旧姓瀬川）は不本意な結果に終わった。

沿道で日の丸が振られる中、13キロ付近を力走する女子マラソンの佐々木七恵。持ち前の粘りでじわじわと順位を上げ、19位でゴールした＝1984年8月5日（共同通信）

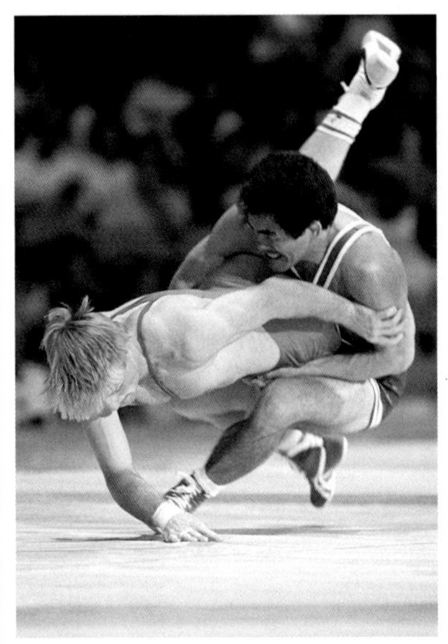
レスリング・グレコローマン62キロ級B組1回戦、フィンランドのラハチネンを攻める長内清一＝1984年7月30日、アナハイム・コンベンション・センター（共同通信）

陸上競技 佐々木 七恵（大船渡市）

ヱスビー食品、住田高－日体大

女子マラソン	19位	2時間37分4秒

レスリング 長内 清一 ＝2大会連続

グレコローマン62キロ級

1回戦	○判定	ラハチネン（フィンランド）
2回戦	○判定	ロクサイリ（モロッコ）
3回戦	●判定	ベヒト（エジプト）
4回戦	○判定	デイーチェ（スイス）
5回戦	●判定	金原基（韓国）

自転車 猿舘 貢（盛岡市）

日大、紫波高

4千㍍団体追い抜き

予選	11位	4分34秒39＝落選

ボクシング 瀬川 正義（せいき）（山田町）

拓大、宮古水産高

フライ級

1回戦	○KO2回 2分52秒	ワード（ガイアナ）
2回戦	●判定	カン（トルコ）

ボクシング 三浦 国宏（岩泉町）

拓大、岩泉高

ライトウエルター級

1回戦	●判定	ベルキル（チュニジア）

馬術 牧野 孝喜（山田町）

筑波ライディングパーク、山田中

大賞典 馬場馬術	馬体検査で「信長号」失格、出場できず

ボクシング・フライ級1回戦、瀬川正義（右）がガイアナのワードを積極的に攻める＝1984年7月31日、ロサンゼルス・スポーツ・アリーナ（共同通信）

1984年ロサンゼルス五輪　ボクシング

瀬川 正義さん＝山田町出身

留年して出場「力は出し切った」

東側諸国のボイコットに揺れた1984年ロサンゼルス五輪。ボクシング日本勢で最も期待を集めたのが国内無敵の強さを誇った、山田町出身のフライ級瀬川正義さん(58)＝甲府市＝だ。82年の世界選手権は一つ下のライトフライ級で5位。「ソ連やキューバ勢は不在。メダルが見えたと思った」と振り返る。

1回戦。いきなりピンチに見舞われた。1回1分30秒すぎ、南米ガイアナの選手の右ストレートをまともにもらい、真後ろに倒された。「どっからパンチが来たのか、軌道が分からないうちにやられてた。やっぱり緊張してたかな」

不覚のダウンを喫した上、2回には反則のローブローを股間に受ける。この痛い一撃で目を覚ました。「俺は間違っても、こんな所に打たない。大した選手じゃない」。余裕を取り戻すと攻勢に転じ、2分すぎに右ストレートでスタンディングダウンを奪う。残り8秒、再び右ストレートで仕留めた。鮮やかな逆転KOで初戦を飾った。

子どもの頃から運動神経は抜群だった。ただ、宮古水産高に入った頃の体重は40キロにも届かず「小柄なので、何をやっても1番になれない」と階級制のボクシングに打ち込んだ。

足を駆使する頭脳派ボクサーは拓殖大に入学した80年、ライトフライ級でモスクワ五輪代表候補2人に残る。だが、高校時代に受けたパンチが元で眼底出血が治らず、無念のドクターストップ。結局、幻に終わるモスクワ切符は戦わずして逃した。

それから4年後、ロス五輪切符を懸けた全日本選手権。高校の1年後輩、阿部一彦さん(日本大、現宮古水産高教)との岩手対決となった決勝は「一度も負けたことがない」相手に苦戦の末、判定勝ちした。「勝って当然と思われ、前日も寝られなかった」。優勝候補の重圧から解放され、五輪代表の喜びより、心底ほっとした記憶が残る。

メダルの望みは2回戦で断たれた。1回戦に続いて全く知らないトルコの選手に1－4で判定負け。2回まで互角の攻防が続き、最終3回も互いに決定打がないままゴングが鳴った。その瞬間「負けた」と思った。「接近戦は向こうが上でした」。トルコの選手は銅メダルを獲得した。

拓殖大の監督に「残れ」と言われ、1年留年して臨んだ大舞台。ありったけの力を出し切った。35年の歳月が流れた今「そこ(メダル)までの力や練習量じゃなかったんだな」。柔和な笑みで結果を受け入れる。

(2020年2月24日掲載、年齢は紙面掲載時)

武田信玄像をバックにポーズを取る瀬川正義さん。「再び黄金時代を築いてほしい」とボクシング岩手にエールを送る＝2020年2月、甲府市・JR甲府駅

最後までアマチュア貫く

ロス五輪を終えた瀬川さんは85年、5年在籍した大学を卒業。地元国体を翌86年に控えた山梨の県職員に迎えられ、公務員として現役を続行した。山梨国体成年では高校、大学の2年先輩中洞三雄さん（現拓殖大ボクシング部監督）と共に古里岩手を決勝で倒し「岩手が岩手を倒したって、言われてさ。古里に恩返しができた」と喜びに浸った。

この年の全日本選手権でフライ級を4連覇。81、82年に連覇したライトフライ級を合わせ、6年間にわたり「ラッキーパンチはあり得ない」という理詰めのスタイルでベルトを手放さなかった。「高校2年のインターハイ決勝を最後に国内で負けたことがない」と誇らしげに語る。

弟設男さんも正義さんと同じ高校、大学と歩み、88年ソウル五輪フライ級に出場した。中学の頃から手を取って教えてきた正義さんは「あいつは才能じゃない。努力でつかんだ」と7歳下の末弟との「兄弟五輪」に胸を熱くした。

弟はプロに転じ、2階級で日本王座に就いたが、天才肌の兄は最後までアマを貫いた。「安定を選んだ。人生が30年しかないなら、また違う生き方があったかも」。グローブを外してもボクシングとは縁が切れることはなく、山梨県連盟理事長に就いて9年になる。A級審判員の資格を持ち、公務の合間を縫って今も全国各地のリングに立ち続けている。

1988 ソウル Soul

ボクシング瀬川、兄に続いた

ボクシング・フライ級1回戦、モラレス(右)を右フックで攻める瀬川設男＝1988年9月18日、ソウル・蚕室学生体育館(共同通信)

ボクシングの瀬川設男が、兄正義(せいき)に続く兄弟出場を果たした。2大会連続の三浦国宏は、無念の初戦敗退。佐々木一昭がメンバー入りした自転車4千メートル団体追い抜きは、ロス大会よりタイムを6秒縮めたが参加19カ国中15位にとどまった。ハンドボールの首藤信一は名門大崎電気4年目の23歳。ハンドボール代表最年少として攻守に動き回った。ボートの岡野知幸は12年ぶり出場の「エイト」のメンバーとしてオールを握った。

三浦 力出し切れず

パンチ空回り

ムワンバ(ザンビア)に連打を許す

「1発」が流れ変える

初戦で姿を消したボクシング三浦国宏の戦いぶりを伝える岩手日報朝刊。三浦は「負け方は自分で納得したもの。責めないでください」と悔しさをにじませた＝1988年9月20日付

ボクシング 瀬川 設男(山田町)

拓大、宮古水産高

フライ級

1回戦	○判定	モラレス(コロンビア)
2回戦	●判定	トドロフ(ブルガリア)

ボクシング 三浦 国宏＝2大会連続

京都府庁

ライトウエルター級

1回戦	●判定	ムワンバ(ザンビア)

自転車 佐々木 一昭(花巻市)

早大、紫波高

4千メートル団体追い抜き

予選	15位	4分28秒50＝落選

ハンドボール 首藤 信一(盛岡市)

大崎電気、盛岡商高

予選B組	●18－25	東ドイツ
	●19－25	スペイン
	●19－22	ハンガリー
	●24－33	韓国
	●17－21	チェコ
11、12位決定戦	○24－21	米国

ボート 岡野 知幸(田野畑村)

マツダオート東京、宮古高－明大

エイト

予選2組	5位	5分57秒11
敗者復活戦1組	4位	5分54秒16
7－10位決定戦	9位	5分55秒52

1988年ソウル五輪　自転車男子

佐々木 一昭さん＝花巻市出身

独特の雰囲気「ちょっと怖かった」

あの日のスタートラインは、いつもと違う緊張感があった。１９８８年ソウル五輪。早大３年時に自転車男子４千メートル団体追い抜きに出場した花巻市出身の佐々木一昭さん（53）＝紫波高＝は試合前の心境を思い出す。

レース前は、いつも緊張はする。集中し気持ちが入っている証拠だ。海外でのレースも経験していたが、五輪は緊張の質が違った。「独特の雰囲気があって、ちょっと怖かった。普段は走ることが怖いと思うことなんてないんですが」

団体追い抜きは４人で先頭を交代しながら走る種目。「記録が出なかったら。チームメートと離れてしまったら」。いつもは考えないことが頭をよぎった。

仲間も緊張していた。予選は前回より約６秒速い好タイムだったが15位。世界の壁は厚く、目標の決勝進出には届かなかった。「悔しいとか、楽しんだとかそういうことは感じなかった。ようやく終わったな、と思った」。４年に１度しかない大舞台だからこその重圧、空気感。五輪の価値を実感した21歳の９月だった。

自転車との出合いは父と行った横浜市内の競輪場。「自分の力で時速60キロも出せるのが面白い」とはまり、高校は紫波高へ。１日１００キロをこぎ、力を付けると高校２年時の奈良国体少年個人ロードレースで優勝。日本一を経験し早大自転車部に進んだが、五輪は遠い存在だった。

転機は、１学年上がおらず主将に抜てきされた大学２年秋だった。後輩に五輪候補がいて「部を強くしたい」との責任感から練習を改革。「冬に自転車以外で鍛えるとタイムが伸びるのは紫波高の伝統」と高校時代をヒントに冬場は距離スキーやサーキットトレーニングなどで基礎体力をみっちり鍛えた。

大きな刺激もあった。３年春に、スピードスケートの橋本聖子さん（現東京五輪・パラリンピック組織委会長）が自転車で五輪を目指すため、同部の門をたたいた。日本初の冬季と夏季の五輪出場への挑戦はフィーバーを生んだ。報道陣が練習に詰めかけ、佐々木さんらも注目を浴び自然と練習に熱が入った。自身の記録も千メートルは約２秒、４千メートルは約６秒更新し、日本代表が視野に入るほどレベルアップした。

大学３年時の88年６月に静岡県で開かれた代表選考会は千メートルタイムトライアルで３位、４千メートル個人追い抜きも２位に入り、男子中長距離５人の代表に選ばれた。

「冬の練習は後輩からは大ひんしゅくだったが成果は出た。橋本さんのトレーニングへの真剣さはすさまじく、われわれもしっかり練習しないといけないという相乗効果があった。人は注目されることで成長する」。五輪への挑戦は、一回りも二回りも佐々木さんを大きくした。

（２０２１年６月28日掲載、年齢は紙面掲載時）

「五輪に出ると人生が変わる」と五輪を目指す県人へエールを送る佐々木一昭さん＝2020年２月、埼玉県上里町

30年過ぎても自分にプラス

佐々木さんは早大卒業後に競輪選手の道を選んだ。本県登録で、紫波自転車競技場を拠点に、青森競輪場をホームバンクとした。Ｓ級に在籍したこともあり、1640回出走し、優勝28回、１着271回と活躍。プロ20年の節目の2011年に引退した。

現在は埼玉県上里町でスポーツ自転車専門店「ファーストバイシクル」を営む。通勤・通学用からサイクリング、競技用まで扱い、修理も行う。「速くではなく、安全に走ることが一番」とこれまでの経験を生かして実技指導も行ってきた。

アマチュアからプロへ、そして自転車店の経営者に。「プロの頃は力がなかったら意味がないので五輪選手は単なる肩書だったが、今はいろんな意味で信用してもらえる。五輪から30年が過ぎても、いい意味で注目されて自分にプラスになることが多い」と笑顔で語る。

自転車は、本県の競技別では、今回の東京五輪の３人を加えて６人となったホッケーに次ぐ、４人のオリンピアンを輩出している。「岩手県人は粘り強く、努力家が多い。こつこつと築き上げることができる」と佐々木さん。「五輪に出ると人生が変わる。日本代表を目指して頑張ってほしい」と後輩にエールを送る。

バレー栗生沢、気迫の米国戦

栗生沢淳一がバレーボールで県人初の代表入り。チーム最年長の27歳は、初戦の米国戦で粘り強いレシーブでチームをもり立てるなど、日本の6位入賞を支えた。競泳の松戸思奈は中学時代、競技力向上のため仙台に転校。自由形短距離の代表の座を射止めた。自転車の藤田晃三は、大宮政志以来28年ぶりのロードレース代表に。154人中71人が棄権する猛暑のレースで完走した。公開競技のローラーホッケーに本県出身の2人が出場した。

男子バレー日本―スペイン第１セット、スパイクを放つ中垣内（右端）と、レシーブに備える栗生沢淳一（13）＝1992年８月１日、バルセロナ体育館（共同通信）

バレーボール 栗生沢 淳一
（大船渡市）

ＪＴ、大船渡高－中大

予選リーグ	○3－1 米国
	●2－3 フランス
	●0－3 イタリア
	●2－3 スペイン
	○3－2 カナダ
準決勝	●0－3 ブラジル
5－8位決定予備戦	○3－2 ＥＵＮ
5、6位決定戦	●1－3 イタリア

競泳 松戸 思奈
（奥州市水沢）

東北学院大、宮城・常盤木学園高
※水沢南中時代に仙台へ転校

女子50㍍自由形

予選	27秒36＝落選

女子400㍍リレー（中野、肥川、松戸、千葉）

予選１組	5位	3分49秒91＝落選

自転車 藤田 晃三
（花巻市大迫町）

ブリヂストンサイクル、大迫高

個人ロードレース	83位	5時間2分11秒

ローラーホッケー（公開競技）

小野寺 祐彦（一関市大東町）

東京ドーム、大原商高

山根 貴美男（大槌町）

東京ドーム、大槌高

1992年バルセロナ五輪　バレーボール男子

栗生沢 淳一さん＝大船渡市出身

壮絶米国戦、躍動した背番号13

「今だったらイエローカードが何枚出ていたか。両チーム興奮して、アドレナリンが出まくっていた」

1992年バルセロナ五輪のバレーボール男子日本。大船渡市出身の栗生沢淳一さん（56）＝福井県越前市＝は29年前の死闘を今も鮮明に覚えている。五輪3連覇を狙う米国との予選リーグ初戦は手に汗握る白熱の攻防となった。

メンバー全12人が初出場のチームで植田辰哉主将と並んで最年長の27歳。セットカウント2－1で迎えた第4セット、リードを許した序盤に初めて出番が回って来た。「こんな場面、出たくないな」。弱気になりかけたが、いざコートに立つと開き直った。

高々と上げた得意の天井サーブはネットすれすれに相手コートへ落ち、狙い通りレシーブミスを誘った。会社の先輩でもある「世界一の名セッター」猫田勝敏さん（故人）が編み出した奇策のサーブを習得したのはJTに入ってから。「ちょうどロブを打つような感じで」。大船渡高1年まで続けた軟式テニスの経験が役立った。

守っては難しいボールを拾い、速攻も決めた。セッターに返らなければ、トスも上げた。センター4人の中で最も小さい190センチの背番号13は先発の大竹秀之さんら2メートル超の大型選手にはない「つなぎ」のプレーで起用に応えた。「米国には、あまり僕のデータがなかったんじゃないかな」と振り返る。

当時はサイドアウト制の15点マッチ。14－13と日本がマッチポイントを迎え、米国選手が2度目の警告を受けた。これで日本の勝利が決まるはずが、勘違いした主審はゲームを続行。結局、最終セットまでもつれた末に痛恨の幕切れとなった。

「おかしい」と納得できない選手たち。その願いが届いたのか。悪夢のような逆転負けは一夜明けて勝敗がひっくり返った。日本の抗議を認める異例の裁定にチームは沸き返った。次戦から3連敗したものの、カナダとの予選リーグ最終戦を0－2から3セット連取する大逆転劇で決勝トーナメントに進み、10位に沈んだ前回ソウル大会を上回る6位に入った。

「僕の出番は流れを変える時」。途中出場から、いぶし銀のプレーで役割を果たした。「大会通算で90％を超えた」という驚異的なスパイク決定率がそれを物語る。以降、日本は3大会連続で大舞台から遠ざかり、復活したのは16年後の北京大会。バルセロナで共に戦った植田さんが監督、荻野正二さんが主将を務めた。「あの時のメンバーがやってくれたのがうれしい」。五輪で結ばれた仲間との絆がそう言わせた。

（2021年6月28日掲載、年齢は紙面掲載時）

「得点が動かないまま、サーブ権の移動が30回も続いた」。米国との激戦を振り返る栗生沢淳一さん＝2021年6月、大船渡市

「五輪と縁がある」実感

本県出身バレーボール選手で唯一、五輪に名を刻んだ栗生沢さんはバルセロナ大会後もＪＴの主力として96～97年シーズンのＶリーグ２位に貢献。翌98年春、競技生活に終止符を打ち、指導者の道を歩む。

母校の中央大男子を2003年まで率い、スーパーエースからミドルブロッカーにコンバートした教え子は、これをきっかけに頭角を現し、08年北京五輪代表となった。

ＪＴに復帰し、09年に部長へ昇格すると、外国人監督を招聘。14～15年シーズンには創部84年の古豪を悲願のリーグ初優勝へと導いた。「縁の下が私たちの役割。人を成長させ、サポートすることに達成感を感じるようになった」。18年に部を離れるまで裏方に徹し続けた。

東日本大震災の津波で大船渡市の実家が半壊した。11年秋には母校大船渡高でのバレーボール教室開催に尽力した。笑顔の後輩たちに「タフだな。本当に強いと感じた」と語る。

20年春ＪＴを退社し、福井工大職員として学生のクラブ活動支援に携わる。21年４月からバレーボール部の監督を引き受け、再び学生の指導に打ち込む。高校生と小学生の息子２人も同じ競技の道を歩む。

前回東京五輪の４カ月後に生まれ、小学校の卒業アルバムに「オリンピックに出たい」と書いた。「五輪と縁がある」と実感する56歳は６月17日、聖火を手に古里を走った。「地元を元気づけたい」の思いを抱いて。

「銅」2個、ベスト尽くした

シンクロナイズドスイミングの高橋馨は8人構成のチーム演技のうち、初日のテクニカルルーティンに出場。「忍者」をテーマにした躍動感あふれる演技でアメリカ、カナダに続いて3位を確保、フリールーティンにつなげた。柔道の菅原教子は3回戦でベルデシアに屈したものの、敗者復活戦を見事に勝ち上がり銅メダルをつかんだ。

柔道女子52キロ級3位決定戦 クラウスに一本勝ちし銅メダルを決めて万歳する菅原教子＝1996年7月26日、アトランタ・ジョージアセンター（共同通信）

シンクロ 高橋ら伸び伸び演技
「忍者」華麗 3位発進

シンクロナイズドスイミングのテクニカルルーティンに出場した高橋馨（写真右）の演技を伝える岩手日報の紙面＝1996年7月31日付夕刊1面

柔道 BRONZE
菅原 教子（一関市千厩町）
ダイコロ、神奈川・日大藤沢高－筑波大－筑波大院

女子52キロ級

1回戦	○横四方固め	王瑾（中国）
2回戦	○小外刈り	タクール（インド）
3回戦	●優勢	ベルデシア（キューバ）
敗者復活2回戦	○優勢	フォンシュビホフ（ドイツ）
同3回戦	○優勢	マリアニ（アルゼンチン）
3位決定戦	○大外刈り	クラウス（ポーランド）

シンクロナイズドスイミング BRONZE
高橋 馨（盛岡市）
日大、岩手大付中－東京・品川女学院高

チーム	3位	97・753点 テクニカルルーティン 34・183点 フリールーティン 63・570点

2000
シドニー
Sydney

宿敵と大一番、楢崎「銀」

柔道の楢崎教子（旧姓菅原）が、前年の世界選手権決勝で下した宿敵ベルデシアと五輪決勝で再び激突。大外刈りで技ありを奪うなど優位に立ったが、相手の苦し紛れの背負い技で一本を取られ、惜しくも金メダルを逃した。

柔道女子52キロ級で獲得した銀メダルを手にする楢崎教子＝2000年9月17日、シドニー展示場ホール（共同通信）

柔道 SILVER
楢崎 教子
＝2大会連続
ダイコロ

女子52キロ級

1回戦	○大内刈り	バイラージョン（カナダ）
2回戦	○横四方固め	張載心（韓国）
3回戦	○優勢	スアクリ（アルジェリア）
準決勝	○横四方固め	劉玉香（中国）
決勝	●背負い落とし	ベルデシア（キューバ）

出場者なし

2008
北京
Beijing

「ホッケーのまち」沸きに沸く

「ホッケーのまち」岩手町から初の五輪代表となった小沢みさきが、FWとして6試合に途中出場。積極的なプレーを見せた。サッカー女子の岩清水梓はセンターバックとして全6試合に出場。得意のヘディングで大型選手がそろう相手と渡り合い、攻守両面で日本の躍進の原動力となった。

ホッケー女子9－10位決定戦
韓国の守備陣を背にして、前線に飛び出すＦＷ小沢みさき（手前）＝2008年８月20日、北京・五輪公園ホッケー場（小原正明撮影）

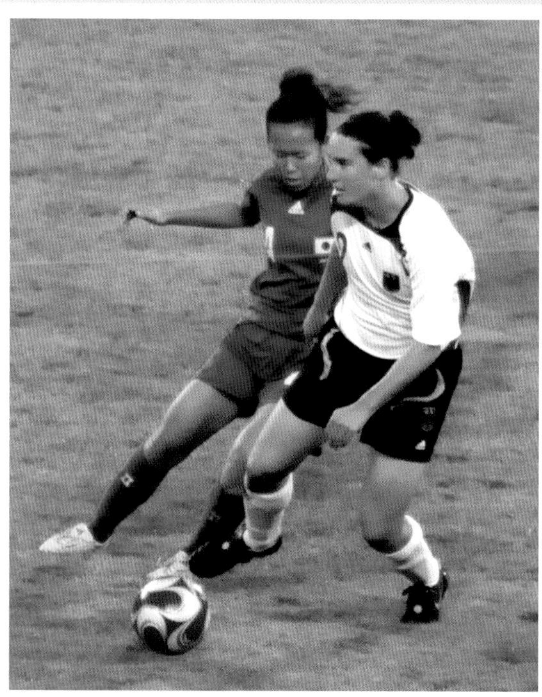

サッカー女子３位決定戦、ゴール前でドイツの長身ＦＷをマークするＤＦ岩清水梓（左）＝2008年８月21日、北京工人体育場（小原正明撮影）

ホッケー　小沢 みさき（岩手町）

富士大院、沼宮内高－富士大

女子 １次リーグＢ組	○2－1	ニュージーランド
	△1－1	米国
	●1－2	アルゼンチン
	●1－2	イギリス
	●0－1	ドイツ
9、10位決定戦	●1－2	韓国

サッカー　岩清水 梓　（滝沢市）

日テレ、神奈川・弥栄西高－日本女体大

女子 １次リーグＧ組	△2－2	ニュージーランド
	●0－1	米国
	○5－1	ノルウェー
準々決勝	○2－0	中国
準決勝	●2－4	米国
3位決定戦	●0－2	ドイツ

2012 ロンドン London

なでしこ「銀」、岩清水が貢献

前年のサッカー女子W杯で優勝した「なでしこジャパン」が銀メダル。岩清水梓は的確なポジショニングで初戦から最終ラインを統率。決勝こそ米国に2失点を喫したものの、最後まで日本の守りを支えた。ホッケーの田中泉樹はチーム最年少の20歳で代表入り。全6試合に途中出場し、強豪国相手に奮闘した。

サッカー女子準決勝
日本ーフランス　フランスの猛攻に対して的確な指示を出し、守備陣を統率するＤＦ岩清水梓(右)＝2012年8月7日、ウェンブリー競技場(細川克也撮影)

ホッケー女子予選
日本ーベルギー　前半、タッチライン際をドリブルで駆け上がるＭＦ田中泉樹(前)＝2012年８月４日、リバーバンクアリーナ(細川克也撮影)

SILVER

サッカー **岩清水 梓** ＝2大会連続

日テレ

女子予選	○2－1	カナダ
	△0－0	スウェーデン
	△0－0	南アフリカ
準々決勝	○2－0	ブラジル
準決勝	○2－1	フランス
決勝	●1－2	米国

ホッケー **田中 泉樹**（岩手町）

山梨学院大、不来方高

女子予選グループＡ	●0－4	イギリス
	●2－3	オランダ
	●0－1	韓国
	△1－1	ベルギー
	○1－0	中国
9、10位決定戦	○2－1	南アフリカ

2016 リオデジャネイロ Rio de Janeiro

競歩高橋、試練の初五輪

男子競歩の高橋英輝がただ一人出場。陸上競技での五輪代表はロサンゼルス大会の佐々木七恵以来32年ぶりだった。高橋は首位と13秒差の15位で10キロを通過、粘り強くレースを進めたが残り5キロでペースダウン。トップと5分45秒差の42位でゴールした。

陸上競技 **高橋 英輝**（花巻市）

富士通、花巻北高－岩手大

男子20キロ競歩	42位	1時間24分59秒

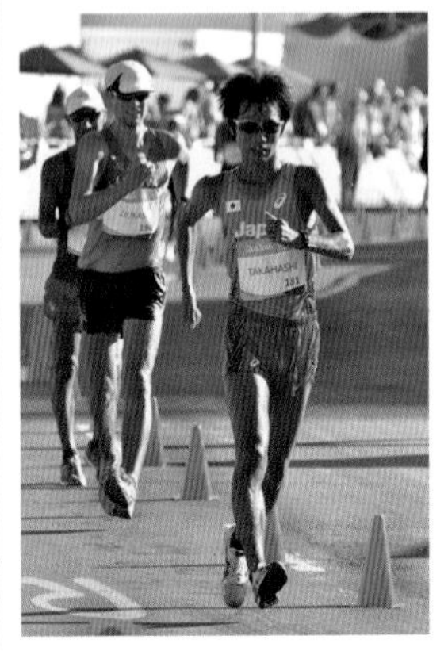

陸上男子20キロ競歩
力を出し切れず42位に終わった高橋英輝＝2016年８月12日、ポンタル(斎藤孟撮影)

2012年ロンドン五輪　女子サッカー

岩清水 梓さん＝滝沢市出身

さまざまな思いが詰まった「銀」

2012年のロンドン五輪。北京に続き日の丸を背負ったサッカー女子のDF岩清水梓さん（33）＝日テレ、滝沢市出身＝は、経験したことのない重圧の中で戦っていた。

サッカーの聖地と称されるロンドン・ウェンブリー競技場。決勝の8月9日は約8万人の観衆で埋まった。2008年の北京五輪準決勝、2011年のワールドカップ（W杯）ドイツ大会決勝に続く米国との決戦。「何度も対戦し分かっているつもりだったが、その時、その時で彼女たちのプレーに驚かされた。それが強さだった」

試合は前半8分に先制され、後半9分にも追加点を許す。その後に1点を返すも届かず、1－2で惜敗。「あと少しで金メダル。米国相手に早めの失点は痛かった」と守備陣を統率していたセンターバックとして責任を感じた。激戦を終え、がっくりと膝をつき、悔し涙がにじんだ。

前年のW杯ドイツ大会で世界一に輝き「なでしこジャパン」人気は沸騰。金メダルへの期待が高まる中で臨んだロンドン五輪だった。「チームメートがいなかったらくじけていた。予選から決勝まですごいプレッシャーの中で戦った」と振り返る。

それでも試合に集中できたのは「不安を持っているのは自分だけではないと思わせてくれるチームメートがいたから」と。言葉を交わさずとも分かり合える絆が支えとなり、激戦を勝ち抜いていった。

勝てば、メダルが確定する準決勝のフランス戦。日本の4本に対し、フランスは27本のシュートを放った。チーム一丸で1点に抑え、2－1で逃げ切った。「猛攻をしのいだという恐怖からの解放やプレッシャー、メダルへの強い気持ち。いろんな感情からの解放があった」。安堵の涙が頬をつたった。

163センチながら大柄な海外の選手と渡り合い、チームをけん引。五輪前にはけがで代表を離れたこともあり、さまざまな思いが詰まった銀メダルだった。

「すごく悔しくて笑顔どころではなかったが、先輩たちから『やり切ったよね。笑顔で出よう』と言われた。そう言ってもらえて、笑顔で出ていいと思えた。残っている映像は笑顔なので、それでよかったなと今でも思う」

安堵の涙と悔し涙の後に待っていた、岩清水さんらしい笑顔の表彰式。ロンドン五輪を振り返る表情もにこやかだった。

（2020年2月12日掲載、年齢は紙面掲載時）

ロンドン五輪の銀メダルを手に「自分が納得できるパフォーマンスをしてほしい」と県人選手へエールを送る岩清水梓さん＝2020年1月、東京都稲城市

古里は自分だけの味方

W杯や五輪に合わせ滝沢市では応援会が開かれた。岩清水さんは「帰国後に映像を見て、とてもうれしかった。自分だけの味方で、心強かった」と感謝する。大会後には古里に戻り、報告会を開くなど思いを寄せ続けている。

東日本大震災発生直後の2011年のW杯。決勝のピッチで「共に歩もう。東北魂」とメッセージが入った日の丸を掲げ、被災地への思いを発信した。16年に台風10号豪雨で被災した岩泉町にも駆け付け、ボランティアやサッカー教室で交流を続ける。

岩清水さんは、15年のW杯カナダ大会でも準優勝に貢献。日本代表を退いた後もプレーを続け、18年にはリーグ初の13年連続ベストイレブンに輝き、19年に特別賞を受賞した。20年東京五輪の聖火リレーは、福島県での国内第１走者として、11年W杯の優勝メンバーとともに登場した。

20年３月には第１子を出産。引退も考えたというが「自分の子どもを抱いて入場したい」と復帰を目指した心境を語り、「スタメン争いするのは簡単ではない。でも、どこまでやれるか不安でもあり、楽しみでもある」と根っからのチャレンジャー精神で新たな道を切り開く。

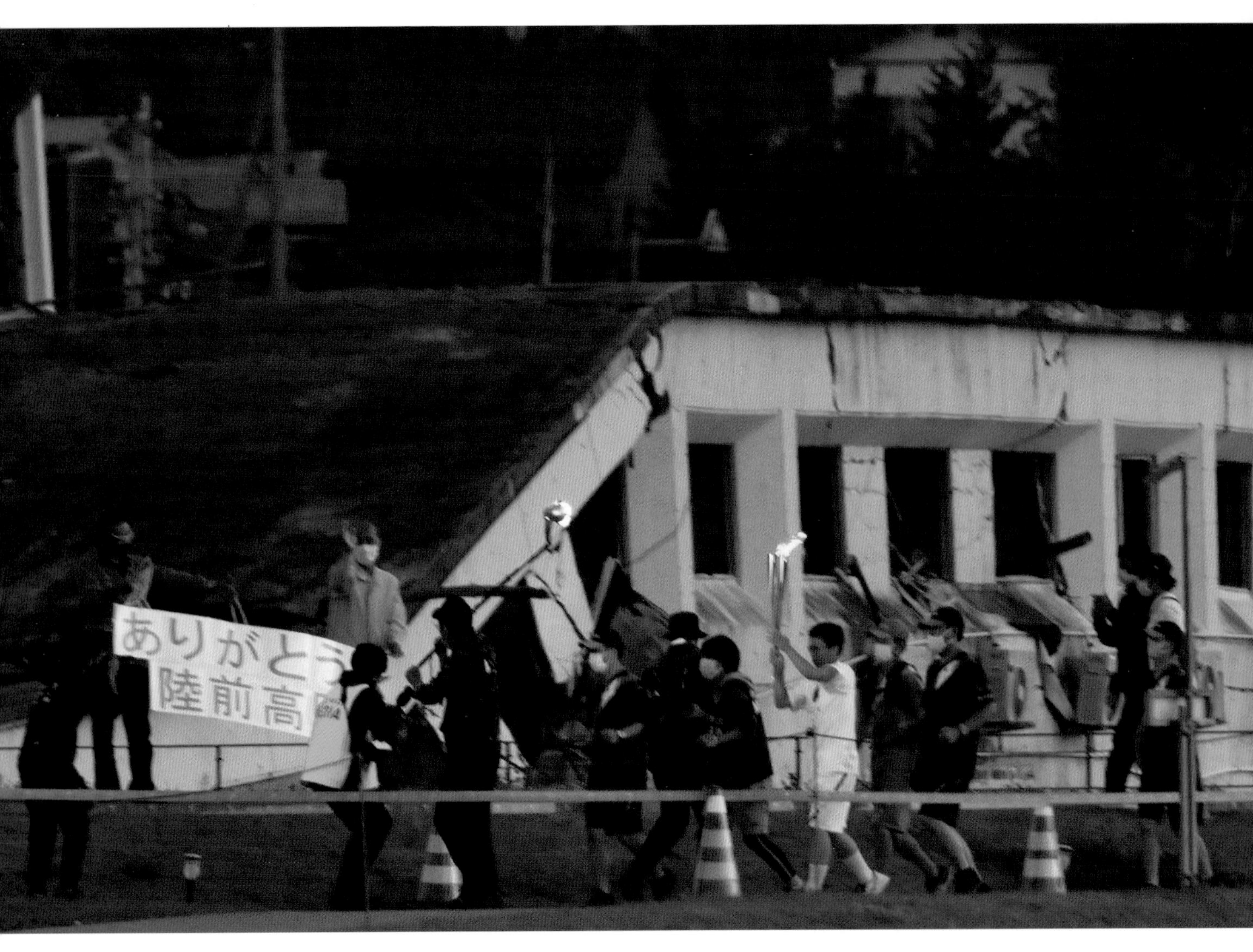

震災遺構の旧ユースホステル横を走る聖火ランナー。沿道には復興支援への感謝を伝える横断幕が掲げられた＝6月17日